职业教育提质培优人文素养系列丛书

诵读，追逐梦想的启航

（第四册）

袁荣高　盛　君　吴国祥　主　编

中国商业出版社

图书在版编目（CIP）数据

诵读，追逐梦想的启航. 第四册 / 袁荣高，盛君，吴国祥主编. -- 北京：中国商业出版社，2023.7
（职业教育提质培优人文素养系列丛书）
ISBN 978-7-5208-2566-5

Ⅰ. ①诵… Ⅱ. ①袁… ②盛… ③吴… Ⅲ. ①人文素质教育 - 职业教育 - 教材 Ⅳ. ①G40-012

中国国家版本馆CIP数据核字（2023）第149685号

责任编辑：管明林

中国商业出版社出版发行
（www.zgsycb.com 100053 北京广安门内报国寺1号）
总编室：010-63180647 编辑室：010-83114579
发行部：010-83120835/8286
新华书店经销
句容市排印厂印刷
*
787毫米×1092毫米 16开 13.25印张 240千字
2023年7月第1版 2023年7月第1次印刷
定价：39.80元
****

职业教育提质培优人文素养系列丛书
诵读，追逐梦想的启航

编写指导委员会

诵/读/追/逐/梦/想/的/启/航

PREFACE 前言

知识改变世界，读书丰富人生。经典作品是民族精神的源头，人类文化的瑰宝，闪耀着永恒的光芒。它植根于过去，却穿透时间的长河，历久弥新，泽被后世，应该把这些经典嵌在学生脑子里，成为中华民族文化的基因。

中职教育的本质是培养德智体美劳全面发展的社会主义建设者和接班人，立德树人是根本任务，利用晨读时间开展诵读活动无疑是连接思想道德教育和人文素养教育的桥梁。

站在新时代的历史交汇点，青年学子诵读经典，可以增加知识积累，可以充实精神生活，可以开拓思考空间，也可以陶冶审美情感，从而逐渐养成博大宽厚的思想人格，陶冶出生命的深度和高度。具体说，诵读经典有助于健康的世界观、人生观和价值观的形成。中职阶段的学生是未成年人，正处在三观形成的最佳时期，好书好文章的浸润正当其时；诵读经典有助于学生健全人格，研习礼仪，端正行为，固化伦理道德，提高感悟能力和审美能力；诵读经典有助于终身学习能力的培养。经典中包含的丰富智慧是走出校园、适应社会并实现人生发展的基本要素。通过诵读经典，学生的学习能力从职业教育向后续更广阔的终身教育阶段迁移顺理成章。

本丛书基于中职学生学情选编，选文立足于中华文化经典，兼顾其他民族优秀作品，古今并蓄、题材广泛、文体多样、篇幅适中、文质兼美、诵读性强，既注重传统文化内涵，又体现当今时代精神。一方面，使同学们在青春岁月里不至于与那些流芳百世、曾经给世世代代的人以精神滋养的传统经典擦肩而过；另一方面，又能打开面向社会的窗户，让同学们读到那些充满朝气与活力、散发着时代气息的优秀作品。目的在于引导学生通过阅读经典文学作品，初步学会赏析各类文学作品，从而领悟传统文化特别是中华传统文化精神，提升人文素养。

本丛书共四册，书名统一为《诵读，追逐梦想的启航》，以第一册、第二册、第三册、第四册标识，定性为职业院校人文素养提升类丛书。各板块主题起始于"德"，落脚在"职"，依次为"大道至简　德行天下""方圆相宜　行稳致远""致福成义　礼达四方""业道酬精　职场赢家"，四册一以贯之。依据学期时序和学生认知发展规律，思想性逐册提升。

各单元编写体例，依次为诵读主体、知人论世、阅读鉴赏、思考寄语四个部分，即诵读作品，了解作者或作品背景，阅读赏鉴要旨，提炼思想精华并予以寄语。

本丛书由江苏省连云港中等专业学校、江苏省溧阳中等专业学校、江苏省东海中等专业学校、江苏省金坛中等专业学校、徐州经济技术开发区工业学校、江苏省如皋中等专业学校、连云港海州中等专业学校、江苏省贾汪中等专业学校、无锡立信高等职业技术学校、江苏省连云港中医药高等职业技术学校、江苏省睢宁中等专业学校（排名不分先后）共11所学校联合编撰。具体分工如下。

第一册：主编为王云清（江苏省溧阳中等专业学校）、贾建军（江苏省如皋中等专业学校）、李国君（江苏省睢宁中等专业学校）；副主编为李茂金（徐州经济技术开发区工业学校）、江海漫（江苏省贾汪中等专业学校）、殷勇（江苏省连云港中等专业学校）、赵玉斌（江苏省东海中等专业学校）、张宇（江苏省金坛中等专业学校）。

第二册：主编为卞勇平（江苏省金坛中等专业学校）、王长斌（连云港海州中等专业学校）、王恬忠（江苏省溧阳中等专业学校）；副主编为陆克平（江苏省如皋中等专业学校）、刘名波（江苏省连云港中医药高等职业技术学校）、李叶（无锡立信高等职业技术学校）、汤琴（江苏省连云港中等专业学校）、常瑞娜（江苏省睢宁中等专业学校）。

第三册：主编为马建春（无锡立信高等职业技术学校）、王广武（江苏省连云港中等专业学校）、汤英俊（江苏省金坛中等专业学校）；副主编为刘辉（江苏省睢宁中等专业学校）、高远（连云港海州中等专业学校）、王向华（江苏省如皋中等专业学校）、吕超（江苏省溧阳中等专业学校）、张晓燕（徐州经济技术开发区工业学校）。

第四册：主编为袁荣高（江苏省连云港中医药高等职业技术学校）、盛君（江苏省贾汪中等专业学校）、吴国祥（江苏省连云港中等专业学校）；副主编为王晓忠（无锡立信高等职业技术学校）、王冬冬（江苏省东海中等专业学校）、倪善勇（江苏省睢宁中等专业学校）、李志斌（江苏省金坛中等专业学校）、史云富（江苏省溧阳中等专业学校）。

参编人员（排名不分先后）：

韩静、乔静、苗书铭（江苏省连云港中等专业学校）；

范勇、姚爱娟、程思良（江苏省溧阳中等专业学校）；

何芹、周琳璐、张雪瑶（江苏省东海中等专业学校）；

许琴、徐森、钱丽华（江苏省金坛中等专业学校）；

金宏博、陈洁莲（徐州经济技术开发区工业学校）；

郭小龙（江苏省如皋中等专业学校）；

吉羚、于梅、李青（连云港海州中等专业学校）；

袁克岚、宋银成（江苏省贾汪中等专业学校）；

唐星页、曹萍、魏爽（无锡立信高等职业技术学校）；

殷吉磊、刘玲、赵雯雯（江苏省连云港中医药高等职业技术学校）；

何福、常兴、蒋珍珍、刘羽（江苏省睢宁中等专业学校）。

由于编者水平有限，本丛书可能存在一些不足，欢迎广大读者提出宝贵意见。在编写过程中，直接或间接参阅、借鉴、引用了国内外大量文献资料，在此，对这些文献的著作者表示诚挚感谢！

编　者

2022年11月

诵/读/追/逐/梦/想/的/启/航

CONTENTS

目录

大道至简　德行天下

方圆相宜　行稳致远

致福成义　礼达四方

业道酬精　职场赢家

大道至简

德行天下

1 报任安书（节选）

诵读主体

盖文王拘而演《周易》；
仲尼厄而作《春秋》；
屈原放逐，乃赋《离骚》；
左丘失明，厥有《国语》；
孙子膑脚，《兵法》修列；
不韦迁蜀，世传《吕览》；
韩非囚秦，《说难》《孤愤》；
《诗》三百篇，大底圣贤发愤之所为作也。

知人论世

司马迁（前145或前135—不可考），字子长，西汉夏阳（今陕西韩城）人，一说龙门（今山西河津）人，西汉史学家、文学家、思想家。任太史令，被后世尊称为太史公。他以“究天人之际，通古今之变，成一家之言”的史识创作了中国第一部纪传体通史《史记》，被公认为中国史书的典范。该书记载了从上古传说中的黄帝时期，到汉武帝元狩元年，共3000多年的历史，是“二十五史”之首，被鲁迅誉为“史家之绝唱，无韵之离骚”。

阅读鉴赏

译文：
周文王被拘禁而扩写了《周易》；
孔子受困窘而著成了《春秋》；
屈原被放逐才写了《离骚》；
左丘明失去视力才有了《国语》；
孙膑被挖去膝盖骨，《兵法》才被撰写出来；
吕不韦被贬谪蜀地，后世才流传了《吕氏春秋》；

韩非被囚禁在秦国，写出了《说难》《孤愤》；

《诗经》中的三百多首诗，大都是一些圣贤抒发愤懑而写成的。

《报任安书》是中国古典文学史上第一篇富于抒情性的长篇书信。司马迁在回信中向任安解释了自己为何不能按他来信的要求去做，为何要为李陵辩护而触怒汉武帝，为何自甘受辱而接受宫刑，以及在宫刑后是何种信念支撑他顽强活下去的。

在节选部分中，八个叠句，两两对偶，列举了古代不为世俗所拘的卓异之士受辱后，通过著书立说来抒发怨愤、表达思想的例子，既体现了历史上的杰出人物大都历经磨难而奋发有为的现象，又表明了自己受宫刑后隐忍苟活，就是以先贤为榜样，矢志进取，誓要完成《史记》的坚强意志。全篇气势雄浑，令人欲悲欲叹。

思考寄语

《报任安书》言辞恳切、慷慨沉雄、见识深远，是深切感人的至情之作。其中叙事、议论、抒情融为一体，是书信中的典范。文章以强烈奔放的思想感情，形成浩荡千古的雄浑气势。其中所表现的司马迁崇高的人生信念，以及他为《史记》献身的伟大精神，具有深刻的启示意义和教育价值，值得后人传颂和学习。

2 咏荆轲

诵读主体

燕丹善养士，志在报强嬴。
招集百夫良，岁暮得荆卿。
君子死知己，提剑出燕京；
素骥鸣广陌，慷慨送我行。
雄发指危冠，猛气冲长缨。
饮饯易水上，四座列群英。
渐离击悲筑，宋意唱高声。
萧萧哀风逝，淡淡寒波生。
商音更流涕，羽奏壮士惊。
心知去不归，且有后世名。
登车何时顾，飞盖入秦庭。
凌厉越万里，逶迤过千城。
图穷事自至，豪主正怔营。
惜哉剑术疏，奇功遂不成。
其人虽已没，千载有余情。

知人论世

陶渊明（约365—427），字元亮，晚年更名潜，字渊明。别号五柳先生，私谥靖节，世称靖节先生，浔阳柴桑（今江西九江）人。东晋末到刘宋初杰出的诗人、辞赋家、散文家，被誉为“隐逸诗人之宗”“田园诗派之鼻祖”。曾任江州祭酒、建威参军、镇军参军、彭泽县令等职，最末一次出仕为彭泽县令，80多天便弃职而去，从此归隐田园。他是中国第一位田园诗人，有《陶渊明集》。

阅读鉴赏

译文：

燕国太子喜欢收养门客，目的是对秦国报仇雪恨。
他到处招募有本领的人，这一年年底募得了荆卿。
君子重义气为知己而死，荆轲仗剑就要辞别燕京。
白色骏马在大路上鸣叫，众人意气激昂为他送行。
个个同仇敌忾怒发冲冠，勇猛之气似要冲断帽缨。
易水边摆下盛宴来践行，在座群雄都是人中精英。
渐离击筑筑声慷慨悲壮，宋意高歌歌声响彻云霄。
座席中吹过萧萧的哀风，水面上漾起淡淡的波纹。
唱到商音听者无不流泪，奏到羽音荆轲格外惊心。
他明知这一去十死无生，但留世英名将万古长存。
登车而去何曾有所眷顾，飞车直驰那秦国的宫廷。
勇往直前行程超过万里，曲折行进所经何止千城。
翻完地图忽地现出匕首，秦王一见不由胆战心惊。
只是可惜剑术仍欠火候，奇功伟绩终究未能完成。
荆轲其人虽然早已逝去，但其精神永远激励后人。

本诗按荆轲刺秦事件的发展过程，描写了出京、饮饯、登程、搏击等各个场面，通过人物动作的刻画展现出荆轲的英雄形象，通过环境气氛的渲染烘托出荆轲的精神面貌，塑造了一个大义凛然的除暴英雄形象，表达了诗人对黑暗强权的憎恶之情。

另外，陶渊明在诗中故意忽略了史书中所记载的，荆轲临行时因等待帮手而延误出发，被燕太子丹误会其反悔一事，直接写荆轲“君子死知己，提剑出燕京”，凸显了荆轲“士为知己者死”的精神境界，将其英雄形象烘托得更加高大。

思考寄语

我们都知道陶渊明“不为五斗米折腰”而辞官归隐，可见其性格中是有豪放、侠义之情的。他还写过“刑天舞干戚，猛志固常在”，可见其一生猛志不衰、疾恶如仇。本诗是诗人借历史之旧事，抒自己之爱憎的作品，诗中的荆轲既是侠义的化身，又是诗人情感的寄托，代表着中华民族永不屈服的精神品格。

3 拟行路难·其六

诵读主体

对案不能食，拔剑击柱长叹息。
丈夫生世会几时？安能蹀躞垂羽翼！
弃置罢官去，还家自休息。
朝出与亲辞，暮还在亲侧。
弄儿床前戏，看妇机中织。
自古圣贤尽贫贱，何况我辈孤且直！

知人论世

鲍照（约415—466），南朝宋文学家，与颜延之、谢灵运合称“元嘉三大家”。字明远，祖籍东海（今山东郯城），久居建康（今南京）。家世贫贱，临海王刘子项镇荆州时，任前军参军。刘子项作乱，鲍照为乱兵所杀。他长于乐府诗，其七言诗对唐代诗歌的发展起了很重要的作用，有《鲍参军集》。

鲍照创作以诗为主，今存204首。《拟行路难》共18首，表现了为国建功的愿望，对门阀垄断的不满，怀才不遇的痛苦和理想幻灭的悲哀，反映了当时贫寒士人的生存状态。

阅读鉴赏

译文：

对着席案上的美食却难以下咽，拔出宝剑对柱挥舞发出长长的叹息。
大丈夫一辈子能有多长时间，怎能像蝴蝶垂翼般裹足不前？
放弃官职辞职离开，回到家中休养生息。
早上出家门与家人道别，傍晚回家依然在亲人身边。
在床前与孩子玩耍，看妻子在织布机前织布。
自古以来圣贤都生活得贫贱，更何况我这样清高又正直的人。

全诗分三层。前四句写自己仕宦生涯中备受摧抑的悲愤心情，从“不能食”“拔剑击柱”“长叹息”三个行为动作，到“蹀躞”“垂羽翼”的比喻，表明了自己在重重束缚下壮志难酬的困难处境。中间六句铺写家庭日常生活，与之前的官场生活形成鲜明对比。结尾两句引用古代圣贤的贫贱，将个人的失意扩大深化——怀才不遇的现象自古皆然，连圣贤也在所难免，以证明当时社会现实的不公。特别是结尾的“孤且直”三字，点出了当时的官场容不得像作者一样正直之人。全诗直抒胸臆，抑扬顿挫，文气朴拙，震撼人心。

思考寄语

鲍照的乐府诗突破了传统乐府格律而极富创新，对后世李白、岑参、高适、杜甫均有较大影响，杜甫称其诗风“俊逸”。他的作品思想深远，意境深邃，修辞运用灵活，节奏富于变化。他所处的时代，出仕的机会大都被门阀世家垄断，以他为代表的寒门子弟们，往往怀才不遇、报国无门，但诗人仍保持着“孤且直”的风骨。我们不仅要学习他的诗风和品格，更应珍惜如今这来之不易的和平盛世，今天努力学习，明天报效祖国。

4 侠客行

诵读主体

赵客缦胡缨，吴钩霜雪明。
银鞍照白马，飒沓如流星。
十步杀一人，千里不留行。
事了拂衣去，深藏身与名。
闲过信陵饮，脱剑膝前横。
将炙啖朱亥，持觞劝侯嬴。

三杯吐然诺，五岳倒为轻。
眼花耳热后，意气素霓生。
救赵挥金槌，邯郸先震惊。
千秋二壮士，烜赫大梁城。
纵死侠骨香，不惭世上英。
谁能书阁下，白首太玄经。

知人论世

李白（701—762），字太白，号青莲居士，又号“谪仙人”，唐代伟大的浪漫主义诗人，被后人誉为“诗仙”，与杜甫并称“李杜”或“大李杜”。其人爽朗大方，爱饮酒作诗，喜交友，有《李太白集》，代表作有《望庐山瀑布》《行路难》《蜀道难》《将进酒》《早发白帝城》等。

本诗约作于唐玄宗天宝三载（744）游齐州时。唐代游侠之风盛行，因胸中抱负的驱使，当时崇尚任侠的少年们都希望干一番豪纵、快意的事，以得到社会的赞誉和认同。本诗就是在这样的时代背景下创作的。

阅读鉴赏

译文：

燕赵的侠士，头上系着武缨，腰佩吴越闪亮的弯刀。
骑着银鞍白马，在街上驰骋就像流星一样迅疾。
他们武艺盖世，十步可斩杀一人，千里之行，无人可挡。
他们大事做成后，便拂袖而去，将功劳和美名隐藏起来。
想当年，侯嬴、朱亥与信陵君结交，摘下宝剑，横于膝上，交相欢饮。
与朱亥一起大块吃肉，与侯嬴一道大碗喝酒。
几杯热酒下肚，便慷慨许诺，愿为知己两肋插刀，一诺重于泰山。
酒后眼花耳热，意气勃勃而生，感动苍天，气贯长虹。
朱亥为信陵君救赵之事，挥起大金槌，使赵都邯郸上下都为之震惊。
二位壮士的豪举，千秋之后仍在韩都大梁传为美谈。
他们纵然已逝，却侠骨流芳，不愧为一世英豪。
怎能学那扬雄，在天禄阁里研究《太玄经》，一辈子无所作为呢？

这是一首歌颂侠客的古体五言诗，是李白31首乐府诗之一，抒发了他对侠客的仰慕和对建功立业的向往。头四句写侠客的装束、兵刃、坐骑、英姿，第二个四句写侠客高超的武术和淡泊名利的行为，展现了诗人心中完美的侠客形象。接着十四句写信陵君窃符救赵时，任用侯嬴、朱亥两位侠客的故事，表达了诗人也想结识像信陵君这样的明主，以成就自己的政治抱负。末二句以在天禄阁校书的儒生扬雄，来反衬侠客精神的伟大。

受唐代游侠之风的影响，当时的少年们喜剑术、尚任侠，李白也不例外。他自幼除了刻苦读书“观百家”外，更是“十五好剑术”“高冠佩雄剑”。年轻的他轻财重义，胸怀抱负，希望自己将来能成就一番事业。而本诗正是诗人的自我写照，其豪情壮志在诗中表露无遗。

思考寄语

青春是一首歌，拨动年轻的心弦；青春是一团火，点燃沸腾的热血。青春，一个充满个性与张扬的时代；青春，一段可以不停试错的人生。怀揣梦想的少年们，张开翅膀去飞吧！未来的幸福生活是奋斗出来的。待到将来回首岁月，逐梦青春的这段日子，定将是你最美好的回忆！

5 满江红·登黄鹤楼有感

诵读主体

遥望中原，荒烟外，许多城郭。想当年、花遮柳护，凤楼龙阁。万岁山前珠翠绕，蓬壶殿里笙歌作。到而今、铁骑满郊畿，风尘恶。

兵安在？膏锋锷。民安在？填沟壑。叹江山如故，千村寥落。何日请缨提锐旅，一鞭直渡清河洛。却归来、再续汉阳游，骑黄鹤。

知人论世

岳飞（1103—1142），字鹏举，相州汤阴（今河南安阳汤阴县）人，著名军事家、战略家、民族英雄，位列南宋“中兴四将”之首。岳飞是南宋最杰出的统帅，他重视人民的抗金力量，主张黄河以北的抗金义军和宋军互相配合，夹击金军，收复失地。岳飞的文学才华也是将帅中少有的，他的不朽词作《满江红·写怀》，更是千古传诵的爱国名篇。

本词写于南宋绍兴四年（1134）作者出兵收复襄阳六州（今湖北武昌）时期。宋高宗绍兴七年（1137），岳飞向朝廷请求增兵，以便寻机收复中原，但未被采纳。次年春，岳飞在鄂州驻军时，登上黄鹤楼北望中原，写下了这首感怀之词。

阅读鉴赏

译文：

黄鹤楼上远望中原，那荒草烟波的地方，有许多城池。遥想当年，城中花团锦簇遮蔽视线，柳树成荫掩护城墙，楼阁也都是雕龙画凤。万岁山前、蓬壶殿里，一派歌舞升平的热闹景象。如今，胡虏铁骑却践踏包围着京师郊外，沙尘弥漫，战势凶险。

士兵在哪里？他们血染沙场，鲜血滋润了兵刃。百姓在哪里？他们在战乱中丧生，尸首填满了溪谷。悲叹大好河山依旧在，但千家万户却流离失所、田园荒芜。自己何时才能请缨杀敌，率领精锐部队出兵北伐，挥鞭渡过长江，扫清胡虏，收复中原。然后归来，重游黄鹤楼，以续今日登临之兴。

这是一首登高抒怀的壮词。由词人登上黄鹤楼所见之景发端，将记忆中昔日汴京的繁华，与眼前战乱频繁、生灵涂炭的情景进行对比，最后畅想来日得胜后的欢乐之情，抒发了词人对国破家亡的悲痛之情和光复中原的强烈愿望。

从篇首到“蓬壶殿里笙歌作”，写在黄鹤楼上遥望中原失地，引发对汴京往日繁华的回忆。从“到而今”，到“千村寥落”，写北方遍布铁蹄的敌占区，那里的人们生活在水深火热中的惨痛情景，与从前歌舞升平的景象形成强烈对比。“何日请缨”二句，表达了词人想要恢复河山的雄心壮志。末尾三句，作者乐观地想象将来得胜归来，再游黄鹤楼的喜悦之情。

思考寄语

在南北宋之交，词风由婉约转向豪放。这种艺术上的转变，其根源在于军事的败退和国土的沦丧，爱国主义成为时代主题。当时写豪放词的作家，多为主战派文人，也包括抗金将领，岳飞就是其中的典型代表。以史为鉴，居安思危，正是今天的我们不能忘也不敢忘的。生逢盛世是我们的幸运，不负盛世更是我们的责任，与君共勉。

6 关山月

诵读主体

和戎诏下十五年，将军不战空临边。
朱门沉沉按歌舞，厩马肥死弓断弦。
戍楼刁斗催落月，三十从军今白发。
笛里谁知壮士心，沙头空照征人骨。
中原干戈古亦闻，岂有逆胡传子孙！
遗民忍死望恢复，几处今宵垂泪痕。

知人论世

陆游（1125—1210），字务观，号放翁，越州山阴（今浙江绍兴）人，南宋文学家、史学家、爱国诗人。陆游生逢北宋灭亡之际，少年时即深受家庭爱国思想的熏陶。中年入蜀，投身军旅生涯。晚年退居家乡。著有《剑南诗稿》《渭南文集》《南唐书》《老学庵笔记》等。

隆兴元年（1163），南宋在符离大败之后，与金国达成和议。到了孝宗淳熙四年（1177），距当年议和已15年，朝廷却不思恢复，沉浸在苟安的和平中。陆游罢官闲居成都，感伤时事，写下此诗。

阅读鉴赏

译文：

与金人议和的诏书已下了十五年，将军们却不出战，徒然地驻守边疆。

豪门府第整日沉溺于歌舞宴乐，棚里的战马肥胖老死，军库中闲置的弓箭也已腐朽断弦。

守望楼上打更的刁斗催促着月亮下山，三十岁从军的人如今已是白发丛生。

谁又能理解羌笛声中传出的战士心声呢？月亮的余光照映着战场上征人的尸骨。

中原大地自古以来争战不断，而今只能让金人占领并繁衍生息？

敌占区的同胞忍辱偷生盼望着收复失地，今夜不知有多少人伤心落泪！

全诗十二句，每四句一转韵，分别写将军权贵、戍边战士和中原百姓。以月夜统摄全篇，将三个场景融为一体，构成一幅关山月夜图。痛斥了南宋朝廷文恬武嬉、不恤国难的态度，表现了爱国将士报国无门的苦闷和中原百姓期盼光复的愿望，体现了诗人忧国忧民、渴望统一的爱国情怀。

诗中所表现出的对南宋集团妥协投降的谴责，对爱国将士和中原遗民的同情，和对侵略者的仇恨，集中体现了陆游爱国诗歌的进步内容和精神实质。

思考寄语

“关山月”本是古乐旧题，以边塞为题材，抒发战士们的思乡之情。“关山”原本代表边塞的地理特征，因为古代防守时总是在山势险峻处设置关塞。而陆游创造性地拓展了写作的内容，从“关山”内的统治集团，写到“关山”中的戍边战士，再写到“关山”外的中原遗民，内容更丰富，胸怀更宽广，思想更深刻。除了诗人忧国忧民的爱国思想外，这种创新思维同样是值得我们学习和借鉴的。

7 正气歌（节选）

诵读主体

天地有正气，杂然赋流形。
下则为河岳，上则为日星。
于人曰浩然，沛乎塞苍冥。
皇路当清夷，含和吐明庭。
时穷节乃见，一一垂丹青。
在齐太史简，在晋董狐笔。
在秦张良椎，在汉苏武节。
为严将军头，为嵇侍中血。
为张睢阳齿，为颜常山舌。
或为辽东帽，清操厉冰雪。
或为出师表，鬼神泣壮烈。
或为渡江楫，慷慨吞胡羯。
或为击贼笏，逆竖头破裂。
是气所磅礴，凛烈万古存。

知人论世

文天祥（1236—1283），字履善，又字宋瑞，自号文山，浮休道人。吉州庐陵（今江西吉安县）人，南宋末大臣，文学家，民族英雄。著有《过零丁洋》《文山诗集》《指南录》《指南后录》等。

文天祥于祥兴元年（1278）10月因叛徒出卖为元军所俘，翌年10月被解至大都。元朝统治者对他软硬兼施，威逼利诱，许以高位。文天祥被囚三年，誓死不屈，不为所动，最终慷慨就义，以身报国。这首诗是他死前一年在狱中所作。

阅读鉴赏

译文：

天地之间有一股堂堂正气，靠着这种正气，万物生生不息，生长流传。

在下方就表现为山川河岳，在上方就表现为日月星辰。

在人间被称为浩然之气，它充满了天地和寰宇。

国运清明太平的时候，它呈现为祥和的气氛和开明的朝廷。

在危险的时刻义士就会出现，他们的光辉形象被一一记录在史书。

在齐国有舍命记史的太史简，在晋国有坚持正义的董狐笔。

在秦朝有为民除暴的张良椎，在汉朝有赤胆忠心的苏武节。

它还表现为宁死不降的严将军的头，表现为拼死抵抗的嵇侍中的血。

表现为张睢阳誓师杀敌而咬碎的齿，表现为颜常山仗义骂贼而被割的舌。

有时又表现为在辽东避乱爱戴白帽的管宁，他那高洁的品格胜过了冰雪。

有时又表现为写《出师表》的诸葛亮，他那死而后已的忠心让鬼神感泣。

有时表现为祖逖渡江北伐时敲击的楫，慷慨激昂誓要击退胡羯。

有时表现为段秀实痛击奸人的笏板，逆贼的头颅顿时被打破。

这种浩然之气充满了宇宙乾坤，正义凛然不可侵犯万古长存。

本诗慷慨激昂，充分表现了文天祥坚贞不屈的爱国情操。节选段落可分为两个部分。从“天地有正气”到“一一垂丹青”为第一部分，是对浩然之气的热情礼赞。从“在齐太史简”到“凛烈万古存”为第二部分，历数了史册上十二位忠臣义士的壮举，来写浩然正气在人身上的具体表现。其中，有的是秉笔直书的史官，有的是誓要驱敌的将相，有的是宁死不屈的义士……诗人从这些忠烈之士身上，得到了正气的熏陶。

浩然正气植根于中华优秀传统文化的沃土中，正是继承、弘扬了这种优秀传统文化，才使文天祥成长为一位民族英雄，也使本诗成为弘扬爱国精神和民族气节的典范之作。

思考寄语

“人生自古谁无死，留取丹心照汗青。”武力可以消灭肉体，但永远也无法征服信念。文天祥的事迹告诉我们，在这场信念与刀兵的激烈交锋中，刀兵取得了暂时的胜利。但历史证明，所有的图王霸业都成了过眼云烟，唯有文天祥所坚持的浩然正气穿越古今，成为中华儿女的精神源泉，鼓舞着一代又一代中华儿女追思圣贤、保家卫国、传承文明。而这种正气，在今天有了一个新的名字——正能量！

8 狱中题壁

诵读主体

望门投止思张俭，
忍死须臾待杜根。
我自横刀向天笑，
去留肝胆两昆仑。

知人论世

谭嗣同（1865—1898），字复生，号壮飞，湖南省长沙府浏阳县（今湖南浏阳）人，中国近代著名政治家、思想家，维新派人士，“戊戌六君子”之一。其所著《仁学》，是维新派的第一部哲学著作，也是中国近代思想史中的重要著作。

光绪二十四年（1898），也是农历的戊戌年，6月，光绪皇帝实行变法，8月，谭嗣同奉诏进京，参预新政。9月中旬，慈禧太后发动政变，囚禁光绪帝，大肆捕杀维新派人士。1898年9月，他与杨深秀、刘光第、康广仁、杨锐、林旭等五人同时被捕。这首诗是他在狱中所作。

阅读鉴赏

译文：

希望康有为、梁启超能像张俭一样，在逃亡中受到人们的保护。

希望战友们能如杜根一样忍死待机，最终完成变法维新的大业。

而我自然是横握大刀，仰天长笑，慷慨赴死。

因为去者和留者光明磊落、肝胆相照，都如昆仑山一般雄伟巍峨。

这是一首绝命诗。前两句运用张俭和杜根的典故，表达了对避祸逃亡的变法领袖的褒扬祝福，对阻挠变法的顽固势力的憎恶蔑视。后两句巧用比喻，抒发作者视死如归，愿为理想而献身的壮烈情怀。

诗中提到的张俭是东汉末年人，因弹劾宦官侯览，被反诬结党营私，被迫逃亡。人们看重他的声望品行，都冒着危险搭救他。身陷囹圄的谭嗣同借用这则典故，祝福仓促出逃的康有为、梁启超等人能平安。杜根在东汉安帝时期任郎中（仅次于侍郎的官职），因要求临朝听政的邓太后还政于皇帝，触怒太后，被命摔死，因执行人手下留情而未死，隐身于酒肆。邓太后死后，复官为侍御史。谭嗣同借此表达戊戌变法眼下虽遭重创，但锐意革新的仁人志士们应该忍辱求生，等待时机，以期再展宏图。

思考寄语

谭嗣同一生致力于维新变法，是维新派中的较激进者。对于牺牲，他早有准备。政变发生后，同志们再三苦劝他到日本使馆躲避，他却断然拒绝，说道："各国变法，无不从流血而成，今中国未闻有因变法而流血者，此国之所以不昌。有之，请自嗣同始！"这种为了国家昌盛和民族崛起而慨然赴死的精神，值得我们代代相传。

9 祖国啊，我亲爱的祖国

诵读主体

我是你河边上破旧的老水车，
数百年来纺着疲惫的歌；
我是你额上熏黑的矿灯，
照你在历史的隧洞里蜗行摸索？
我是干瘪的稻穗，是失修的路基；
是淤滩上的驳船
把纤绳深深
勒进你的肩膊，
——祖国啊！

我是贫困，
我是悲哀。
我是你祖祖辈辈
痛苦的希望啊，
是“飞天”袖间
千百年来未落到地面的花朵
——祖国啊！

我是你簇新的理想，
刚从神话的蛛网里挣脱；
我是你雪被下古莲的胚芽；
我是你挂着眼泪的笑涡；
我是新刷出的雪白的起跑线；
是绯红的黎明
正在喷薄；
——祖国啊！

我是你的十亿分之一，
是你九百六十万平方的总和；
你以伤痕累累的乳房
喂养了
迷惘的我、深思的我、沸腾的我；
那就从我的血肉之躯上
去取得
你的富饶、你的荣光、你的自由；
——祖国啊，
我亲爱的祖国！

知人论世

舒婷，女，1952年出生于福建龙海石码镇，祖籍福建泉州，原名龚佩瑜，后改名龚舒婷，中国当代女诗人、作家。崛起于20世纪70年代末的中国诗坛，她与同代诗人北岛、顾城、梁小斌等，以迥异于前人的诗风，在中国诗坛上掀起了一股"朦胧诗"大潮，是朦胧诗派的代表人物之一。主要著作有诗集《双桅船》《会唱歌的鸢尾花》《始祖鸟》，散文集《心烟》等。

1978年12月，中国迎来了具有重大历史意义的党的十一届三中全会，开启了改革开放的历史新时期。1979年4月，诗人面对祖国摆脱苦难、正欲奋飞的情景，以自己独有的抒情方式写下了此诗。

阅读鉴赏

与一般人往往以一种看似豪放实则空洞的方式歌颂祖国不同，作者反其道而行之，独辟蹊径，把自己放在历史与未来相交的时空中，直面祖国灾难深重的古老历史及严峻现实，以赤子之心向伤痕累累的母亲倾诉内心的痛苦，表达愿为祖国的未来而献身的激情和决心。

第一段回顾祖国古老沉重的历史，以"河边上破旧的老水车""额上熏黑的矿灯""干瘪的稻穗""失修的路基""淤滩上的驳船"等五个典型意象，生动刻画了祖国灾难深重的过去，展现了祖国母亲在逆境中坚毅顽强的形象。

第二段也是描写祖国的过去，但角度不同，直抒胸臆，表明祖国曾经的"贫穷""悲哀"，但同时也孕育着"希望"和"花朵"，是贫穷、悲哀和痛苦的希望把“我”和祖国紧紧连在一起。这一段也是衔接上下文的过渡段。

第三段描写现实，以“簇新的理想”“古莲的胚芽”“挂着眼泪的笑涡”“雪白的起跑线”“绯红的黎明”等密集的意象，表达了刚从动乱年代的噩梦中苏醒过来，实事求是、思想解放后的那种“挂着眼泪的笑涡”。在新时代来临之际，“我”将带着“簇新的理想”和祖国一起奋飞和奔跑。

第四段展望未来，表达诗人对祖国深沉而热烈的爱。曾经迷惘的“我”，经过深思，如今情感已沸腾，“我”愿意为祖国的富饶、荣光和自由奉献“我”的血肉之躯。

每段末尾的“祖国啊”一句，所抒发的情感逐步上扬，从前半部分的深沉叹息，到后半部分的欢欣鼓舞，表达了对祖国从沉重过去走向光明未来的欢悦，交融着深沉的历史感与强烈的时代感。读来激情涌动、振奋人心。

思考寄语

新时代的青少年，没有经历过那个特殊年代，可能无法做到感同身受。但正如《致橡树》所表达的那种独特的爱情观一样，女诗人舒婷总能找到一种独特的视角去表达她对某个事物的看法，这也就为读者们搭建了一座理解的桥梁——我们每个人，既是生长在祖国母亲怀抱里的个体，又是与祖国一同经受苦难屈辱、一同挣脱羁绊、一同走向希望的统一体。时至今日，祖国更加繁荣昌盛，这不正是一代代中国人共同努力的结果吗？一起努力奔跑吧，实现自己的小梦想，就是为我们共同的中国梦添砖加瓦！

10 小雅·小明

诵读主体

明明上天，照临下土。我征徂西，至于艽野。二月初吉，载离寒暑。
心之忧矣，其毒大苦。念彼共人，涕零如雨。岂不怀归？畏此罪罟！
昔我往矣，日月方除。曷云其还？岁聿云莫。念我独兮，我事孔庶。
心之忧矣，惮我不暇。念彼共人，睠睠怀顾。岂不怀归？畏此谴怒。
昔我往矣，日月方奥。曷云其还？政事愈蹙。岁聿云莫，采萧获菽。
心之忧矣，自诒伊戚。念彼共人，兴言出宿。岂不怀归？畏此反覆。
嗟尔君子，无恒安处。靖共尔位，正直是与。神之听之，式穀以女。
嗟尔君子，无恒安息。靖共尔位，好是正直。神之听之，介尔景福。

知人论世

本文选自《诗经·小雅》。《诗经》是很多人长时间收集整理加工而成书的，这些诗篇千姿百态，内容丰富，如同一幅幅生动的画卷，真实地描绘出2500多年前那漫长历史时期各阶层人们的生活状况以及社会面貌。那个时代，周王朝及各诸侯国的统治者相互攻伐，横征暴敛，导致民众生活艰辛困苦，《诗经》中很多篇章对这些普通民众的生活做了详细的记录。《诗经》中还有一些政治讽喻诗，大约是一些富有正义感，对国家命运比较关心，或不得志的文人、官吏的作品。他们揭露当权者的昏聩，批评执政者排斥贤才、听信谗言，指斥一些权臣拉帮结伙、嫉贤妒能，还斥责统治者采用荒唐的治国策略，导致国家危机四伏，民众苦不堪言。这些诗不仅对认识当时的社会很有意义，就是今天，也是观照社会的一面镜子。

阅读鉴赏

译文：

高高在上那朗朗青天，照耀大地又俯察人间。我为公事奔走往西行，所到的地域荒凉僻远。周正二月某吉日起程，迄今历经酷暑与严寒。心里充满了忧伤悲哀，深受折磨我痛苦不堪。想到那恭谨尽职的人，禁不住潸潸泪如涌泉。难道我不想回归家园？只怕将法令之网触犯。想当初我刚踏上征途，正逢旧岁将除。什么日子才能够回去？眼看年将终归期仍无。顾念自己形单影只，差事却多得数不胜数。心里充满了忧伤悲哀，我疲于奔命无暇自顾。想到那恭谨尽职的人，我无限眷念朝夜思慕。难道我不想回归家园？只怕上司责罚恼怒。想当初我刚踏上征途，正值由寒转暖的气候。什么日子才能够回去？公务却愈加繁忙急骤。眼看年将终时日无多，人们正忙着采蒿收豆。心里充满了忧伤悲哀，我自讨苦吃自作自受。想到那恭谨尽职的人，我辗转难眠思念不休。难道我不想回归家园？只怕世事翻覆祸当头。长叹息你们这些君子，莫贪图安逸坐享其成。应恭谨处事忠于职守，结交正直之士亲近贤人。神灵就会听到这一切，从而赐予你们福祉鸿运。长叹息你们这些君子，莫贪图安逸碌碌无为。应恭谨处事忠于职守，与正直之士亲近伴随。神灵就会听到这一切，从而赐予你们洪福祥瑞。

此诗与《小雅·四月》《小雅·北山》等诗表达了类似的情感，即感慨征戍久役、劳逸不均，但措辞较委婉。所谓“共人”应该是与诗人一样效命王室、忠于职守的人，因而想到他们，就会油然而生一种同病相怜、眷恋之情，“涕零如雨”“眷眷怀顾”就是这种情绪的体现。“兴言出宿”则表现诗人在怨恨之后仍起身踏上征途。“念彼共人”的复叠之词展示出诗人情感演变的轨迹：虽然忧伤孤独，疲于奔命，但对王事还是不敢懈怠，有“彼共人”作为榜样，他也只能席不暇暖，奔走四方。有了这样的铺垫，下面转入对“君子”的劝勉也就顺理成章了。揣摩诗意，这四、五两章当是诗人的劝诫，而“君子”不是指一般人，恰恰是那些身居高位的统治者。“嗟尔君子，无恒安处”实在有着无穷的感喟，在这声声敦劝中不难体会到诗人的怨嗟。“无恒安处”的言外无疑意味着这些“君子”的安居逸乐，和诗人的奔波劳碌、不遑宁息正好形成了鲜明的对比。诗人劝勉这些“君子”勤政尽职，正说明他们未能像“共人”那般一心为社稷黎民操劳。“神之听之”的声声祝愿中不能说没有告诫的弦外之音在回响。诗中既多侧面地表现了诗人的内心世界，又展示了他心理变化的轨迹，纵横交织，反复咏唱，细腻婉转。

思考寄语

这首诗采用赋的手法，不借助比兴，而是直抒胸臆，将叙事与抒情融为一体，娓娓道来，真切感人。我们虽然能听到这位长期奔波在外的官吏，因被派遣到远方办事，经年不归，作诗自抒情怀的叹息嗟怨之声，但也能看到其忠于职守、恭谨从事的操守。每个读者眼中都有一部不一样的《诗经》，敬请仔细寻绎揣摩。

11 尊道贵德

诵读主体

道生之，德畜之，物形之，势成之。是以万物莫不尊道而贵德。道之尊，德之贵，夫莫之命而常自然。故道生之，德畜之、长之、育之、亭之、毒之、养之、覆之。生而不有，为而不恃，长而不宰。是谓玄德。

知人论世

两千多年前，周王室衰微，诸侯并起，以下克上，烽火连天，战乱频仍。在这个“世风日下，人心不古”的时代，老子见社会道德衰败，失望至极，便乘青牛西出函谷关，隐居而不知所终。在出关之时，他应关令尹喜之求，留下了一部五千言的《道德经》。《道德经》亦称《老子》，或称《五千言》，是道家学派最具权威的经典著作，它文约意丰，涵盖哲学、伦理学、政治学、军事学等诸多学科，其内容博大精深、玄奥无极、涵括百家、包容万物，被后人尊奉为治国、齐家、修身、为学的宝典。这部被誉为“万经之王”的神奇宝典，对中国古老的哲学、科学、政治、宗教等，产生了深刻的影响，无论对中华民族性格的铸成，还是对政治的统一与稳定，都起着不可估量的作用。

关于《道德经》的作者老子，史籍记载很少，西汉司马迁在写作《史记》

时就已寻不到详尽的资料。老子姓李，名耳，字聃，春秋末期陈国苦县人，曾担任过周朝守藏室的官员，管理着广泛的书籍以及文献资料。老子致力于“柔弱”“无为”的道德修养，参悟了回归自然、天人合一的大道，是中国乃至世界的文化巨人。

阅读鉴赏

译文：

道生成万事万物，德养育万事万物。万事万物之所以展示出各种形态，便是因为有一种“势”的力量在其中操纵。因此，万事万物莫不以道为尊，以德为贵。但是，道虽然被尊崇，德虽然被珍视，却并不自以为尊，自以为贵。它总是任由万物顺其自然地生长，不去强制它们。因而，道生成万物，德养育万物，使万物生长发展，成熟结果，并使其受到抚养和保护。生长万物而不据为己有，抚育万物而不自恃有功，导引万物而不主宰，这就是奥妙玄远的德。

本文为《道德经》第五十一章，文中老子指出了“道”和“德”对于万物的作用，具体而言，便是生成了万物却不占有它们；抚育了万物却不自恃有功；对于万物的成长只是引导却不主宰它们。正因如此，“道”和“德”才被尊崇和珍视。这显然是一种“玄之又玄”的大道，只有无知无欲的大自然才能做到。不过虽然不能完全做到，却为我们做人提供了一种借鉴和思路，在现实生活中，至少可以借此明白，你怎样做才是符合大道的，才能受人尊敬。具体而言，“生而不有”“为而不恃”“长而不宰”都具有相应的意义，从不同的角度给我们的现实人生提供借鉴。“生而不有”，即虽然生成了某个东西，却不将其据为已有，体现的乃是一种深厚、无私的情怀。“道”创造了世间万物，却没有将一样东西据为已有。与之相反，人类却已经习惯于占有的法则。自己制造出来的东西，便理所当然地据为已有，大家也都觉得这是理所当然的，但是，这事实上并不符合“道”的精神，换句话说，自私乃是一种不符合“道”的精神，由此我们也就可以理解，为什么那些自私的人在我们看起来总是那么令人不舒服，乃至让人感到厌恶；相反，那些能够为别人奉献的人——即使奉献的对象不是我们而是他人——总是让我们在内心感到如沐春风。总之，“道”之“生而不有”的特征，落实在人类社会中，其实便是一种不自私、为他人着想的情怀。

“为而不恃”是“道”“德”的另一个特征，说的是它们虽然创造并抚育了世间万物，却不居功自傲。其智慧运用到我们的现实生活中，便是提醒我们对别人有恩，不可自恃，而应该忘记。

“长而不宰”意为导引万物而不主宰。其实便是提醒我们做事情要学会顺应事物本身的特点和规律，不要逆势而动，强势而为，这样自然能够成事。“长而不宰”的智慧可以给予父母一些启发，在学校教育中，也应该采取这种理念，老师应该根据学生的个性特点引导他们学习，而不是作为学生的主宰，居高临下地向学生灌输知识。

思考寄语

“尊道贵德”一章，让我们领悟到道德的真意，参透出为人处世的智慧。作为“万经之王”的神奇宝典，《道德经》内容博大精深，我们只能管窥一二，却可受益颇丰。但毋庸置疑的是，每个渴望成功的人，在摸索自己的成功之道、获得更多财富、创造更多价值的路上，最终都离不开一个“德”字。如果没有道德，不行仁义，无论怎样成功都称不上真正的成功。

12 善者不辩

诵读主体

信言不美，美言不信。善者不辩，辩者不善。知者不博，博者不知。圣人不积，既以为人己愈有，既以与人己愈多。天之道，利而不害，圣人之道，为而不争。

知人论世

《道德经》又称《老子》，一共81章，是中国古代先秦诸子分家前的一部著作，为其时诸子所共仰，传说是春秋时期的老子李耳所撰，是道家哲学思想的重要来源，是中国历史上最伟大的名著之一。其对传统哲学、科学政治、宗教等产生了深刻影响，体现了古代中国人的一种世界观和人生观。《道德经》分上下两篇，原文上篇《德经》、下篇《道经》，不分章，后改为《道经》37章在前，《德经》44章在后，是中国历史上首部完整的哲学著作，“道法自然”是《道德经》中老子思想的精华。

阅读鉴赏

译文：

真实可信的话不好听，好听的话不真实。真正行善的人往往不说那些好听的言辞，而总是说漂亮话的人大多并没有行善的举动。真正有知识的人不卖弄，卖弄自己懂得多的人不是真有知识。圣人是不存占有之心的，而是尽力帮助别人，他自己反而更充足；他尽力给予别人，自己反而更丰富。自然的规律是让万事万物都得到好处，而不伤害它们。圣人的行为准则是有所为而不争强好胜。

本文为《道德经》第八十一章，老子在本章中指出了一种现象——“信言不美，美言不信”，即诚实可信的话往往听起来不那么好听，而听起来好听的话则往往不真实。显然，结合我们的日常生活经验，这句话是符合事实的。事实上，关于这个道理，另一句话流传得要更广泛一些，即“良药苦口利于病，忠言逆耳利于行”。这句话出自《孔子家语》，乃是孔子告诫弟子的言论。可以看出，这句话与老子的观点相同，并且，还将老子的意思进行了进一步的说明。“忠言”即“信言”，虽然听起来不好听，却对听者有益。反过来，“美言”虽然好听，却对人没有好处，甚至往往有害处。“信言不美，美言不信”的道理是提醒我们要有接纳别人指责的智慧和勇气。

本章中，老子所指出的另一个智慧是“知者不博，博者不知”，其意思是真正有知识、懂得很多的人不卖弄，不故意表现自己的博学，而故意表现自己博学、卖弄自己的人不是真有知识。具体到现实中，这个智慧对我们的言行具有很强的指导意义，提醒我们，要懂得谦虚和内敛，而不要自傲和张扬。

思考寄语

浩瀚的宇宙中，每个人都在追求美好的人生，越是美好的人生越需要美好的德行相随。修身养德，不应该夸夸其谈、哗众取宠，刻意博取他人的赞誉，你的德行越是高尚，越能获得好的名声，得到更多人的敬爱和拥护。正所谓“居高声自远，非是藉秋风”，修养成良好的品德，“桃李不言，下自成蹊”。

13 一诺重千金

诵读主体

楚人曹丘生，辩士，数招权顾金钱。事贵人赵同等，与窦长君善。季布闻之，寄书谏窦长君曰："吾闻曹丘生非长者，勿与通。"及曹丘生归，欲得书请季布。窦长君曰："季将军不说足下，足下无往。"固请书，遂行。使人先发书，季布果大怒，待曹丘。曹丘至，即揖季布曰："楚人谚曰'得黄金百斤，不如得季布一诺'，足下何以得此声于梁楚闲哉？且仆楚人，足下亦楚人也。仆游扬足下之名于天下，顾不重邪？何足下距仆之深也！"季布乃大说，引入，留数月，为上客，厚送之。季布名所以益闻者，曹丘扬之也。

知人论世

季布（生卒年不详），汉初大臣，侠客。主要成就：辅助项羽灭秦，治理河东。楚地人，曾效力于西楚霸王项羽。项羽败亡后，被汉高祖刘邦悬赏缉拿。后在夏侯婴说情下，刘邦饶赦了他，并拜他为郎中。汉惠帝时，官至中郎将。汉文帝时，任河东郡守。季布为人仗义，好打抱不平，以信守诺言、讲信用而著称。所以楚国人中广泛流传着"得黄金百斤，不如得季布一诺"的谚语。"一诺千金"这个成语也是从这儿来的。

阅读鉴赏

译文：

当时有一个叫曹丘生的楚人，好以财物结交有权势的官员，借以抬高自己的身价。他听说季布做了大官，就请求窦长君介绍他去见季布，但是窦长君跟曹丘生说季布不喜欢他，劝他不要去，但曹丘生还是央求窦长君写介绍信，窦长君勉为其难地答应。曹丘生拿了介绍信马上去拜访季布，见到季布后，就深深作揖并且说："楚人有句谚语说，'得到黄金百万，不如得到季布的一句诺言。'你怎么能在梁、楚一带获得这样的声誉？再说我是楚地人，你也是楚地人。由于我到处宣扬，你的名字才被天下人都知道，难道我对你的作用还不重要吗？"季布听了这句恭维的话，非常高兴，以上宾之礼招待。曹丘生住了几个月才离开，临走时，季布还送了他一份厚礼，曹丘生继续替季布宣扬，季布的名声也就愈来愈大。

一诺重千金指许下的一个诺言有千金的价值，比喻说话算数、极有信用。这句话出自《史记·季布栾布列传》。“一诺千金”最早形容的是西汉的季布，季布为人仗义，好打抱不平，以信守诺言、讲信用而著称，所以楚国人中广泛流传着“得黄金百斤，不如得季布一诺”的谚语。

思考寄语

“一诺千金”反映的是诚信问题，一个人可以没有聪明才智，但不可以没有诚信的品格；一个人可以没有卓越的成就，但不可以有损害诚信的行为。诚信是人格的基础和精髓，是立身之本，是事业之根。所谓“人无信不立”说的就是这个道理。

14 大山行孝记

诵读主体

不知是孝顺给了儿子开心，还是开心给了儿子孝顺，大四这年，儿子的开心饱满得到处洋溢。吃饭时，往往我们一碗都吃完了，他还盯着奶奶笑呵呵地傻看，吃一口，盯着奶奶看一会儿；吃一口，盯着奶奶看一会儿，看得奶奶都不会吃了。奶奶嚷着要回老家。他问为什么，奶奶说，你们这里把人坐朽了。他就嘿嘿一笑，然后按着奶奶的双肩，推着奶奶在地上转圈儿。奶奶就咯咯咯地笑。他说，看能把你坐朽吗？之后，一有空儿，就推着奶奶在地上转圈儿，祖孙俩的笑声花瓣一样落满一屋。奶奶走累了，坐下来，他就蹲在面前，抱了奶奶的脸，欣赏桃花一样地看。看得奶奶不好意思，常常捂了眼睛。坐在沙发上看电视，常常搂着奶奶，否则那胳膊就没地方放似的。

大四寒假，他把同学之间的约会能取消的都取消了，非常要好的几位，非去不可的，也把时间尽可能地压缩。显然，他想念同学，但更依恋这个家，我甚至能够感觉得到，他聚完会是跑步回家的。一进门就“爸”地叫一声，然后跟我说话。我说把衣服放好。他一边把放错的衣服放整齐，一边等不及似的跟我说话。我说把袜子放在鞋窝里。他一边把袜子放好，一边眼睛盯在我脸上，说，爸，我给你说啊……

知人论世

郭文斌，现任宁夏作家协会主席，中国作家协会会员，全国宣传文化系统“四个一批”人才，享受国务院政府特殊津贴，被授予“塞上英才”荣誉称号，被评为“自治区60年感动宁夏人物”。著有畅销书《寻找安详》《农历》等十余部。短篇小说《吉祥如意》先后获人民文学奖、小说选刊奖、鲁迅文学奖。并为央视540集纪录片《记住乡愁》做文字统筹、撰稿、策划。提出安详生活观、安全阅读观、底线出版观、祝福性文学观；受邀到北京师范大学、北京大学、清华大学、复旦大学等高校及多省市演讲，受到热烈欢迎。

阅读鉴赏

散文动人之处莫过于细节描写表达出来的真情实感。节选部分恰恰抓住一系列细节描写，表达出最真挚的亲情与孝心，扣住每位读者内心深处最柔软、最纯朴的心弦。

为什么奶奶褶皱的脸，在孙子看来是一张桃花般的脸？因为那是亲情与孝心中盛开的最美的花朵，没有任何的矫揉造作。为什么“一进家门就‘爸’地叫一声”？这句朴实的话语那么感动人心，因为孝心无价，亲情满满！孟子认为，“孝子之至，莫大乎尊亲”。作者巧借生活中的细节，把人间至爱巧妙地传递出来，文至高处，言少而意多。

思考寄语

孝是中华民族传统文化皇冠上的一颗璀璨明珠，具有最鲜明的特色。很多时候，人们各自奔波，忽略了家，忽略了亲人，这篇文字却让我们重拾亲情，重拾温暖。让孝心充满每个人的心间，此之谓欤！

15 大学·中庸（第一章）

诵读主体

大学之道，在明明德，在亲民，在止于至善。知止而后有定，定而后能静，静而后能安，安而后能虑，虑而后能得。物有本末，事有终始。知所先后，则近道矣。

古之欲明明德于天下者，先治其国；欲治其国者，先齐其家；欲齐其家者，先修其身；欲修其身者，先正其心；欲正其心者，先诚其意；欲诚其意者，先致其知；致知在格物。

物格而后知至，知至而后意诚，意诚而后心正，心正而后身修，身修而后家齐，家齐而后国治，国治而后天下平。

知人论世

《大学·中庸》是将《大学》和《中庸》编在一起的一部书，由李春尧译注。首次将《大学》和《中庸》编在一起的是南宋学者朱熹。这本书，通过对古典名著《大学》和《中庸》的解读、注音、注释和翻译等，让广大的读者在阅读过程中，减少一些学习古代经典的障碍，在较短的时间里穿透深邃的历史时空，和古人的心灵相接、相励。

阅读鉴赏

译文：

大学的宗旨在于使光明正大的德行得以显现，学习和应用于生活，使人的道德达到最完善的境界。知道了所应达到的境界就能志向坚定，志向坚定就能心不妄动，心不妄动就能性情安稳，性情安稳就能认真思考，认真思考就能有所收获。每样东西都有根本和末节，每件事都有开始和结束。知道了本末始终的先后次序，就接近事物本来的道理了。

古代那些想要在天下彰显光明德行的人，先要治理好自己的国家；想要治理好自己的国家，先要管理好自己的家庭；想要管理好自己的家庭，先要修养好自己的品行；想要修养好自己的品行，先要端正自己的心思；想要端正自己的心思，先要使自己的意念真诚；想要使自己的意念真诚，先要使自己获得知识；获得知识的途径在于穷尽万事万物的道理。

穷尽了万事万物的道理，才能获得知识，获得了知识才能使自己意念真诚，意念真诚才能使心思端正，心思端正才能修养好品行，品行修养好才能管理好家庭，家庭管理好才能治理好国家，国家治理好才能使天下太平。

所选第一章开头指出“大学之道”的三种境界：“明德”“亲民”“止于至善”。接着指出要达到这三种境界的途径，分别是知止、定、静、安、虑、得。

第二、三段重点强调明德文化，指出明德文化的途径，分别是治国、齐家、修身、正心、诚意、致知、格物、平天下。“修身”是明德文化的起点，是根本与关键。治国、齐家、平天下，必须以修身为基础和前提；正心、诚意、致知、格物，其目的在于修身。看来，修身处于最关键的地位，发挥枢纽作用。

总之，所选第一章阐明了大学的宗旨和纲要，诠释了明德文化，阐发出儒家“修齐治平”的思想，是儒家哲学的入门精要。

思考寄语

明德，释为光明之德、美德。在新时代起点上，我们更加需要以立德树人为教育理念，融合习近平新时代中国特色社会主义思想，秉承明德传统文化，铸炼思想，彰显人文，从修身做起，踔厉奋发，笃行不怠。从明德文化中汲取道德情怀与力量，积极参与丰富多彩、富有特色的实践活动，在潜移默化中形成良好的道德素养与行为习惯。

16 张衡传（节选）

诵读主体

张衡字平子，南阳西鄂人也。衡少善属文，游于三辅，因入京师，观太学，遂通五经，贯六艺。虽才高于世，而无骄尚之情。常从容淡静，不好交接俗人。永元中，举孝廉不行，连辟公府不就。时天下承平日久，自王侯以下莫不逾侈。衡乃拟班固《两都》作《二京赋》，因以讽谏。精思傅会，十年乃成。大将军邓骘奇其才，累召不应。

衡善机巧，尤致思于天文阴阳历算。安帝雅闻衡善术学，公车特征拜郎中，再迁为太史令。遂乃研核阴阳，妙尽璇机之正，作浑天仪，著《灵宪》《算罔论》，言甚详明。顺帝初，再转复为太史令。衡不慕当世，所居之官辄积年不徙。自去史职，五载复还。

阳嘉元年，复造候风地动仪。以精铜铸成，员径八尺，合盖隆起，形似酒尊，饰以篆文山龟鸟兽之形。中有都柱，傍行八道，施关发机。外有八龙，首衔铜丸，下有蟾蜍，张口承之。其牙机巧制，皆隐在尊中，覆盖周密无际。如有地动，尊则振龙，机发吐丸，而蟾蜍衔之。振声激扬，伺者因此觉知。虽一龙发机，而七首不动，寻其方面，乃知震之所在。验之以事，合契若神。自书典所记，未之有也。尝一龙机发而地不觉动，京师学者咸怪其无征。后数日驿至，果地震陇西，于是皆服其妙。自此以后，乃令史官记地动所从方起。

永和初，出为河间相。时国王骄奢，不遵典宪；又多豪右，共为不轨。衡下车，治威严，整法度，阴知奸党名姓，一时收禽，上下肃然，称为政理。视事三年，上书乞骸骨，征拜尚书。年六十二，永和四年卒。

知人论世

范晔（398—445），字蔚宗，顺阳（今河南南阳淅川县）人。南朝宋史学家，官至左卫将军，太子詹事。范晔出生在河南南阳一个著名的士族家庭，有着正宗的家学传统。范晔从小好学，再加上天资聪慧，因此尚未成年，便以博涉经史、善写文章而负有盛名。南朝刘宋时期，范晔开始出仕，一路官运亨通。

阅读鉴赏

译文：

张衡字平子，南阳郡西鄂县（今河南南阳石桥镇）人。张衡年轻时就擅长写文章，曾在“三辅”一带游学，趁机进入京城洛阳，在太学学习，于是通晓五经，贯通六艺，虽然才华比一般人高，但并不因此而骄傲自大。（他）平时举止从容不迫，性情淡泊恬静，不喜欢与世俗之人交往。永元年间，他被推举为孝廉，却不应荐，多次被公府征召，都没有就任。此时社会长期太平无事，从王公贵族到一般官吏，没有不过度奢侈的。张衡于是模仿班固的《两都赋》写了《二京赋》，用它来（向朝廷）讽喻规劝。在这篇赋中，他精心构思文章的组织、布局、命意、修辞，用了十年才完成。大将军邓骘对他的才能感到惊讶，屡次征召他，他也不去应召。

张衡善于器械制造方面的巧思，尤其在天文、气象和历法的推算等方面很用心。汉安帝常听说他擅长术数方面的学问，命公车（汉代官署名）特地征召他，授予他郎中的官职。后来迁升为太史令。于是，张衡就精心研究、考核阴阳之学（包括天文、气象、历法诸种学问），精辟地研究出测天文仪器的正确道理，制作浑天仪，著成《灵宪》《算罔论》等书籍，论述极其详尽。

汉顺帝初年，张衡两次转任后又做了太史令。张衡不趋附当时的达官显贵，他所担任的官职，总是多年得不到提升。自他从太史令上离任后，过了五年，又回到这里。顺帝阳嘉元年（132），张衡又制造了候风地动仪。这个地动仪是用纯铜铸造的，直径有8尺，上下两部分相合盖住，中央凸起，样子像个大酒樽。外面用篆体文字和山、龟、鸟、兽的图案装饰。内部中央有根粗大的铜柱，铜柱的周围伸出八条滑道，还装置着枢纽，用来拨动机件。外面有八条龙。龙口各含一枚铜丸，龙头下面各有一个蛤蟆，张着嘴巴，准备接住龙口吐出的铜丸。仪器的枢纽和机件制造得很精巧，都隐藏在酒樽形的仪器中，覆盖严密得没有一点缝隙。如果发生地震，仪器外面的龙就震动起来，机关发动，龙口吐出铜丸，下面的蛤蟆就把它接住。铜丸震击的声音清脆响亮，守候机器的人因此得知发生地震的消息。地震发生时只有一条龙的机关发动，另外七个龙头丝毫不动。按照震动的龙头所指的方向去寻找，就能知道地震的方位。用实际发生的地震来检验仪器，彼此完全相符，灵验如神。从古籍的记载中，还看不到曾有这样的仪器。有一次，一条龙的机关发动了，可是洛阳并没有感到地震，京城的学者都责怪它这次没有应验。几天后，驿站上传送文书的人来了，证明果然在陇西地区发生地震，大家这才都叹服地动仪的绝妙。从此以后，朝廷就责成史官根据地动仪记载每次地震发生的方位。

（汉顺帝）永和初年，张衡调离京城，担任河间王的相。当时河间王骄横奢侈，不遵守制度法令；又有很多豪族大户与他们一起胡作非为。张衡上任之后治吏严厉，整饬法令制度，暗中探得奸党的姓名，一下子同时逮捕，拘押起来，于是上下敬畏恭顺，称赞政治清明。张衡在河间相位上任职三年，给朝廷上书，请求辞官回家，朝廷任命他为尚书。张衡活了六十二岁，于永和四年（139）去世。

《张衡传》为传统名篇，选自《后汉书》，是一篇精彩的人物传记。文章以时间为叙事线索，描述了张衡在科学、政治、文学等领域的诸多才能。张衡一生行事众多，成就卓著，品格高尚，如何取其精又不失于偏，虑及全又不流于繁，写其形又得其神，确要费一番匠心。《张衡传》以张衡“善属文”“善机巧”“善理政”为纲组织全文，显示了张衡作为文学家、科学家、政治家的才干与成就。范晔继承了司马迁、班固等人关于史传文写作的传统，并因人取事，因事敷文，形成了自己记写人物传记的特色。

思考寄语

张衡幼年时候，家境已经衰落，有时还要靠亲友的接济。正是这种贫困的生活使他能够接触到社会下层的劳动群众和一些生产、生活实际，从而给他后来的科学创造事业带来了积极的影响。“有志者，事竟成”，任何人都不可能随随便便成功，都需要付出一生的刻苦钻研，学习是这样，技能训练也是这样。

17 宽容忍让是美德

诵读主体

良尝闲从容步游下邳圯上，有一老父，衣褐，至良所，直堕其履圯下，顾谓良曰："孺子，下取履！"良鄂然，欲殴之。为其老，强忍，下取履。父曰："履我！"良业为取履，因长跪履之。父以足受，笑而去。良殊大惊，随目之。父去里所，复还，曰："孺子可教矣。后五日平明，与我会此。"良因怪之，跪曰："诺。"

五日平明，良往。父已先在，怒曰："与老人期，后，何也？"去，曰："后五日早会。"五日鸡鸣，良往，父又先在，复怒曰："后，何也？"去，曰："后五日复早来。"

五日，良夜未半往。有顷，父亦来，喜曰："当如是。"出一编书，曰："读此则为王者师矣。后十年兴。十三年孺子见我济北，谷城山下黄石即我矣。"遂去，无他言，不复见。旦日视其书，乃《太公兵法》也。良因异之，常习诵读之。

知人论世

司马迁（约前145或前135—？），夏阳（今陕西韩城西南）人。出身史学世家，父亲司马谈官至太史令。司马迁10岁时随父到长安，先后求学于董仲舒和孔安国门下。20岁开始游历名山大川，所到之处均考察风俗，采集史迹传说。继承父亲太史令的职位后，司马迁得以饱览朝廷藏书，又随汉武帝到各地巡游，增长了见识；他同时开始整理史料，以完成父亲写一部"名主贤君、忠臣死义之事"的通史的遗愿。汉武帝天汉二年（前99），李陵出征匈奴时因友军接应不力身陷重围，在矢尽粮绝的情况下投降匈奴，司马迁因上疏为李陵辩护触怒武帝，被处以宫刑。受此大辱，司马迁愤不欲生，但为了实现自己的理想，决心"隐忍苟活"。出狱后任中书令，继续发愤著书，完成了被鲁迅先生誉为"史家之绝唱，无韵之离骚"的名著《史记》。

阅读鉴赏

译文：

张良闲暇时徜徉于下邳桥上，有一个老人，穿着粗布衣裳，走到张良跟前，故意把他的鞋甩到桥下，看着张良对他说："小子，下去把鞋捡上来！"张良有些惊讶，想打他，因为见他年老，勉强地忍了下来，到桥下捡来了鞋。老人说："给我把鞋穿上！"张良既然已经替他把鞋捡了上来，就跪着替他穿上。老人把脚伸出来穿上鞋，笑着离去了。张良十分惊讶，注视着老人远去的身影。老人离开了约有一里路，又返回来，说："你这个孩子可以教导。五天以后天刚亮时，跟我在这里相会。"张良觉得这件事很奇怪，跪下来说："是。"五天后的拂晓，张良去到那里。老人已先在那里，生气地说："跟老年人约会，反而后到，为什么呢？"老人离去，并说："五天以后早早来会面。"五天后鸡一叫，张良就去了。老人又先在那里，生气地说："又来晚了，这是为什么？"老人离开时说："五天后再早点儿来。"

五天后，张良不到半夜就去了。过了一会儿，老人也来了，高兴地说："应当像这样才好。"老人拿出一部书，说："读了这部书就可以做帝王的老师了。十年以后就会发迹。十三年后小伙子你到济北见我，谷城山下的黄石就是我。"说完便走了，没有别的话留下，从此也没有见到这位老人。天明时一看老人送的书，原来是《太公兵法》。张良因为觉得这部书非同寻常，经常学习、诵读它。

《史记·留侯世家》是一篇关于张良的传记。文中围绕张良一生的经历，描述了他在复杂的政治斗争和尖锐的军事斗争中的超群才干，以及他在功成名就之后不争权求利的出世思想和行为，生动地刻画了张良的为人及其性格特点，使这一历史人物活生生地展现在我们面前。

思考寄语

宽容忍让，以己度人，既是为人的美德，也是于家、于人、于己大有好处的处世之道，更是一种良好的品行修养。血气方刚的年轻人尤其要加强"宽容"和"忍让"的磨炼。宽容好比大海容纳百川，一个人只要宽容他人，到处都可以和谐圆满，微笑着对待人生。忍让是意志坚定的表现，是惩忿窒欲、自我克制的精神境界。

18 晋书·傅玄传（节选）

诵读主体

傅玄字休奕，北地泥阳人也。玄少孤贫，博学善属文，解钟律。性刚劲亮直，不能容人之短。郡上计吏再举孝廉，太尉辟，皆不就。州举秀才，除郎中。

帝初即位，广纳直言，开不讳之路，玄及散骑常侍皇甫陶共掌谏职。初，玄进皇甫陶，及入而抵，玄以事与陶争，言喧哗，为有司所奏，二人竟坐免官。（泰始）五年，迁太仆。时比年不登，羌胡扰边，诏公卿会议。玄应对所问，陈事切直，虽不尽施行，而常见优容。转司隶校尉。

知人论世

傅玄（217—278），魏晋时期名臣及文学家、思想家。出身北地傅氏。少年随父逃难至河内郡，专心经学，开始撰写《傅子》等书，后虽显贵，而著述不废。任内颇为称职，曾数次上书，陈说治国之策，提出了有名的“五条政见”。泰始五年（269），因当众责骂谒者及尚书被劾免。咸宁四年（278），傅玄去世，年六十二，谥号刚。后追封清泉侯。

《晋书》是《二十四史》之一，该书记载的历史上起于东汉末年司马懿早年，下至东晋恭帝元熙二年（420）刘裕废晋帝自立，以宋代晋。

阅读鉴赏

译文：

傅玄字休奕，北地泥阳（今陕西铜川耀州区东南）人。傅玄少时孤苦贫寒，博学而善于写文章，懂得乐律。性格刚强正直，不能容忍别人的短处。在郡里任职计吏，两次被推举为孝廉，太尉征召，都不就任。参加州考中了秀才，任郎中。

武帝刚即位，广泛采纳直言，开通不忌讳的言路，傅玄与散骑常侍皇甫陶共同掌管谏官之职。当初，傅玄推荐皇甫陶，等到入朝后两人就有矛盾，傅玄因政事与皇甫陶争执，争吵声喧哗，被有司陈奏，两人都获罪免官。泰始五年（269），任太仆。当时连年五谷不登，西羌胡人骚扰边境，皇帝下诏让公卿讨论。傅玄应答皇帝所问，陈述事理恳切率直，虽没有全部施行，但时常被宽容。转任司隶校尉。

节选部分选取了傅玄幼年性格、为官仕途，处处凸显傅玄的刚强正直。在处理政事时，直言敢谏，不畏权势。即使与自己亲自推荐为官的皇甫陶政见不合，也直接争执，不偏不倚。傅玄应答皇帝所问时，敢于直陈事理，恳切率直，刚正不阿，虽有冒犯，也时常得到宽容。

思考寄语

傅玄少时虽家境贫寒，但是博学善写，精通音律，其刚劲正直的性格特点尤其受到人们的赞颂。他直言敢谏，为官清廉，开启朝堂良好的风气。然而，“木秀于林，风必摧之”，过于苛责，不能容人之短，遭遇了较大的挫折。岂不知“海纳百川，有容乃大”，若要做好事情，还需世事洞明、人情练达。

19 论气节（节选）

诵读主体

气节是我国固有的道德标准，现代还用这个标准来衡量人们的行为，主要是所谓读书人或士人的立身处世之道。气和节似乎原是两个各自独立的意念。《左传》上有“一鼓作气”的话，是说战斗的。后来所谓“士气”就是这个气，也就是“斗志”；这个“士”指的是武士。孟子提倡的“浩然之气”，似乎就是这个气的转变与扩充。他说“至大至刚”，说“养勇”，都是带有战斗性的。“浩然之气”是“集义所生”，“义”就是“有理”或“公道”。后来所谓“义气”，意思要狭隘些，可也算是“浩然之气”的分支。现在我们常说的“正义感”，虽然特别强调现实，似乎也还可以算是跟“浩然之气”联系着的。至于文天祥所歌咏的“正气”，更显然跟“浩然之气”一脉相承。不过在笔者看来两者却并不完全相同，文氏似乎在强调那消极的节。

节的意念也在先秦时代就有了，《左传》里有“圣达节，次守节，下失节”的话。古代注重礼乐，乐的精神是“和”，礼的精神是“节”。礼乐是贵族生活的手段，也可以说是目的。他们要定等级，明分际，要有稳固的社会秩序，所以要“节”，但是他们要统治，要上统下，所以也要“和”。礼以“节”为主，可也得跟“和”配合着；乐以“和”为主，可也得跟“节”配合着。节跟和是相反相成的。明白了这个道理，我们可以说所谓“圣达节”等等的“节”，是从礼乐里引申出来成了行为的标准或做人的标准；而这个节其实也就是传统的“中道”。按说“和”也是中道，不同的是“和”重在合，“节”重在分；重在分所以重在不犯不乱，这就带上消极性了。

“士”或称为“读书人”，是统治阶级最下层的单位，并非“帮闲”。他们的利害跟君相是共同的，在朝固然如此，在野也未尝不如此。固然在野的处士可以不受君臣名分的束缚，可以“不事王侯，高尚其事”，但是他们得吃饭，这饭恐怕还得靠农民耕给他们吃，而这些农民大概是属于他们做官的祖宗的遗产的。“躬耕”往往是一句门面话，就是偶然有个把真正躬耕的如陶渊明，精神上或意识形态上也还是在负着天下兴亡之责的士，陶的《述酒》等诗就是证据。可见处士虽然有时横议，那只是自家人吵嘴闹架，他们生活的基础一般的主要的还是在农民的劳动上，跟君主与在朝的大夫并无两样，而一般的主要的意识形态，彼此也是一致的。

然而士终于变质了，这可以说是到了民国时代才显著。从清朝末年开设学校，教员和学生渐渐增多，他们渐渐各自形成一个集团；其中有不少的人参加革新运动或革命运动，而大多数也倾向着这两种运动。这已是气重于节了。等到民国成立，理论上人民是主人，事实上是军阀争权。这时代的教员和学生意识着自己的主人身份，游离了统治的军阀；他们是在野，可是由于军阀政治的腐败，却渐渐获得了一种领导的地位。他们虽然还不能和民众打成一片，但是已经在渐渐地接近民众。五四运动划出了一个新时代。自由主义建筑在自由职业和社会分工的基础上。教员是自由职业者，不是官，也不是候补的官。学生也可以选择多元的职业，不是只有做官一路。他们于是从统治阶级独立，不再是“士”或所谓“读书人”，而变成了“知识分子”，集体的就是“知识阶级”。残余的“士”或“读书人”自然也还有，不过只是些残余罢了。这种变质是中国现代化的过程的一段，而中国的知识阶级在这过程中也曾尽了并且还在想尽他们的任务，跟这时代世界上别处的知识阶级一样，也分享着他们一般的运命。若用气节的标准来衡量，这些知识分子或这个知识阶级开头是气重于节，到了现在却又似乎是节重于气了。

知人论世

朱自清（1898—1948），原名自华，号实秋，后改名自清，字佩弦。现代杰出的散文家、诗人、学者、民主战士。经过漫长曲折的道路，在黑暗现实的教育和爱国民主运动的推动下，他成为革命民主主义战士。在反饥饿、反内战的实际斗争中，他身患重病，签名于《抗议美国扶日政策并拒绝领取美援面粉宣言》，并嘱咐家人不买配售面粉，始终保持着一个正直的爱国知识分子的气节和情操。

阅读鉴赏

《论气节》是朱自清先生于1947年作的著名演讲，时隔70多年，仍不失振聋发聩的作用。

“气”“节”的概念早在先秦时代就已有之，后来逐渐渗透于我们民族的精神之中，尤其深入读书人的骨髓，成为士人立身处世的标准。但因“气节”一词沿用已久，人们对它的认识并不是那么清楚。作为清华大学古典文学教授，朱自清作这次通俗学术演讲，一来是为了澄清对“气节”一词的认识误区，二来是为知识分子指明行动的方向。

该演讲本是朱先生的一篇学术札记，因读了冯雪峰杂文集中《谈士节兼论周作人》一文，有颇多思索。这篇因讲稿而成的演讲，材料翔实，论证严密，照应周到，浑然一体。

他指出，气和节原是两个独立意念，气是士气、斗志，是积极的、有生命活力的；节带有消极性，是统治阶级出于“礼”的需要，为调节阶级矛盾、维护社会秩序而为人们制定的做人的标准，故不犯上作乱谓之“持节”。消极的“节”注重个人的明哲保身，而积极的“气”则建立在“集体行动”之上，富有战斗力。“君子有所为有所不为”，这种“气”重于“节”的表现，在东汉末年、宋朝、明朝都有。但在专制时代，集体行动不容易实现，士人往往偏向消极的“节”，无论在朝的“忠节”之士或在野的“高节”之士都是如此。一旦“死的节跟活的现实脱了榫”，就导致“守节之士变了节”的结果。这些“忠节”或“高节”之士归根结底都是统治阶级的卫道士，因此往往迷失了自己。

在演讲中，朱先生又对现代知识分子的道路进行了探索，融入了自己强烈的使命感和鲜明的时代感。他将古代的“士”和今天的“知识分子”作了深刻的比较分析。“士”虽处于封建统治的底层，但毕竟是“仕”的候补一员，他们羸弱的身躯总是寄生在统治阶级和劳动人民身上。他们不事稼穑，与“君相”同利害共呼吸。实际上，在野的“士”与在朝的“士”并无两样。所谓处士的横议，也只是“自家人吵嘴闹架”，都属于统治阶级内部矛盾，有话好商量。“士”阶层的软弱性注定了他们对统治阶级的反抗是不彻底的。

五四运动以来，逐渐形成了一批有别于“士”的现代化知识阶层。他们以自己的知识直接为社会服务，又以自己的新意识引导社会前进。他们不一定再走“学而优则仕”的道路，对统治阶级的依附相对减弱，在野者“获得了一种领导的地位”，不是作为“候补的官”，而是作为“渐渐地接近民众”的集体。这无疑是五四运动导致的知识分子最深刻的变化。

然而，中国知识分子始终没有成为强大的独立社会力量，缘由何在呢？朱先生对“中年一代”的“节重于气”偏向作了深入剖析：集团不大，力量有限，再加之遭到外来的武力和压力就抵挡不住了，作为领导而又不能满足“饥饿的民众”，想“落下地去”“与民众打成一片”又“底气不足”，只好退而守节，静观其变。

由此，在演讲中，朱先生将他满腔的热情和希望寄托在“青年代的知识分子”身上，认为他们用富有正义感的行动，取代了传统消极的“气节”，用他们“新的做人的尺度”，为中国探索了一条光明之路。

思考寄语

朱自清是一个刚正不阿、严于操守的人。他多次拒绝国民党的高官厚禄，积极寻求现代化的道路，严厉斥责独裁者的暴政和侵略者的伪善。毛泽东称颂他“一身重病，宁可饿死，不领美国的‘救济粮’”。年仅50岁的朱自清就这样在贫病交加中与世长辞，把他的高尚气节、人格尊严永远留在了人间！愿大家也能坚守气节，做正义的人！

20 赠刘景文

诵读主体

荷尽已无擎雨盖，菊残犹有傲霜枝。
一年好景君须记，最是橙黄橘绿时。

知人论世

苏轼（1037—1101），眉州眉山（今四川眉山）人。字子瞻，又字和仲，号铁冠道人、东坡居士，世称苏东坡、苏仙，北宋著名文学家、书法家、美食家、画家，历史治水名人，堪称北宋文学最高成就之代表。

嘉祐二年（1057），苏轼进士及第。宋神宗时在凤翔、杭州、密州、徐州、湖州等地任职。元丰三年（1080），因“乌台诗案”被贬为黄州团练副使。宋哲宗即位后任翰林学士、侍读学士、礼部尚书等职，并出知杭州、颍州、扬州、定州等地，晚年因新党执政被贬惠州、儋州。宋徽宗时获大赦北还，途中于常州病逝。宋高宗时追赠太师，宋孝宗时追谥“文忠”。

苏轼是北宋中期文坛领袖，在诗、词、散文、书、画等方面都取得很高成就。其文纵横恣肆，明白畅达，与欧阳修合称“欧苏”，为“唐宋八大家”之一；其诗清新豪健，善用夸张比喻，在艺术表现方面独具风格。少数诗篇也能反映民间疾苦，指责统治者的奢侈骄纵，与黄庭坚并称“苏黄”；词开豪放一派，对后代很有影响，与辛弃疾并称“苏辛”。苏轼善书，与蔡襄、黄庭坚、米芾并称“宋四家”；能画竹，学文同，也喜作枯木怪石。论画主张“神似”，认为“论画以形似，见与儿童邻”；高度评价“诗中有画，画中有诗”的艺术造诣。存世书迹有《赤壁赋》《黄州寒食诗帖》和《祭黄几道文》等，其画迹作品有《古木怪石图》《潇湘竹石图》等，诗文有《苏东坡全集》等，词有《东坡乐府》。

阅读鉴赏

苏轼的《赠刘景文》，是元祐五年（1090）在杭州任知州时所作。《苕溪渔隐丛话》说此诗咏初冬景致，“曲尽其妙”。诗虽为赠刘景文而作，所咏却是深秋景物，了无一字涉及刘氏本人的道德文章，这似乎不是题中应有之义，但实际上，作者的高明之处正在于将对刘氏品格和节操的称颂，不着痕迹地糅合在对初冬景物的描写中。因为在作者看来，一年中最美好的风光，莫过于橙黄橘绿的初冬景色，而橘树和松柏一样，是最足以代表人的高尚品格和坚贞节操的。

古人写秋景，大多气象衰飒，渗透悲秋情绪。然此处却一反常情，写出了深秋时节的丰硕景象，显露了勃勃生机，给人以昂扬之感。因此宋人胡仔以之与韩愈《早春呈水部张十八员外》诗中“最是一年春好处，绝胜烟柳满皇都”两句相提并论，说“二诗意思颇同而词殊，皆曲尽其妙”。

荷与菊是历代诗家的吟咏对象，常给人留下美好的印象，可是为什么此诗一开头却高度概括地描绘了荷败菊残的形象，展示了一幅深秋的画面？这全然是为了强调和突出一年之中的最好景象：橙黄橘绿之时。虽然橙和橘相提并论，但事实上世人偏重于橘，因为“橘”象征着许多美德，故屈原写《橘颂》而颂之，主要赞其“独立不迁”“精色内白”“秉德无私”“行比伯夷”。此诗的结句正有此意，在表达上熔写景、咏物、赞人于一炉，含蓄地赞扬了刘景文的品格和秉性。

思考寄语

这首诗虽然是赠给好友刘景文的，所咏却是初冬景物，说明冬景虽然萧瑟冷落，但也有硕果累累、成熟丰收的一面，而这一点恰恰是其他季节无法相比的。诗人这样写，是用来比喻人到壮年，虽已青春流逝，但也是人生成熟、大有作为的黄金阶段，勉励好友珍惜这大好时光，乐观向上、努力不懈，切不要意志消沉、妄自菲薄。

21 墨 梅

诵读主体

我家洗砚池头树，朵朵花开淡墨痕。
不要人夸好颜色，只留清气满乾坤。

知人论世

王冕（1287—1359），元代著名画家、诗人、书法家，字元章，号煮石山农、放牛翁、会稽外史、九里先生、江南古客、山阴野人等。浙江诸暨人，出身农家，幼年丧父，在秦家放牛，每天利用放牛的时间画荷花，晚至寺院长明灯下读书，学识深邃，能诗，尤长于青团墨梅。隐居九里山，以卖画为生。画梅以胭脂作梅花骨体，或花密枝繁，别具风格，亦善写竹石，兼能刻印，用花乳石作印材相传是他始创。著有《竹斋集》《墨梅图题诗》等。

王冕以画梅著称，尤攻墨梅。他画的梅简练洒脱，别具一格。其《墨梅图》画横向折枝墨梅，笔意简逸，枝干挺秀，穿插得势，构图清新悦目，用墨浓淡相宜，花朵的盛开、渐开、含苞都显得清润洒脱，生机盎然。其笔力挺劲，勾花创独特的顿挫方法，虽不设色，却能把梅花的含笑盈枝生动地刻画出来，不仅表现出梅花的天然神韵，而且寄寓了画家高标孤洁的思想感情。加上作者那首脍炙人口的七言题画诗，诗情画意交相辉映，使这幅画成为不朽的传世名作。王冕虽然很有名，但是小时候家庭贫困，白天替人放牛，晚上自修。有一天，王冕在湖边放牛时，忽然下起一阵雨，一会儿雨停了，但是湖里的荷花和荷叶被雨水冲洗得非常干净。王冕看了非常喜爱，便想把它画下来，于是赶紧用身上的一点零用钱买了纸和笔来作画。起初画得不怎么好，但他仍然不停地画，最后终于越画越像，就跟真的一样。王冕便把荷花画拿去卖，卖的钱拿回家孝敬母亲。王冕因为荷花画得很好，许多人争着要买，他的处境因此渐渐好转，便不再替人放牛了。同时他的名声也渐渐远播，最后成为一个全国有名的大画家。

阅读鉴赏

译文：

我家洗砚池边有一棵梅树，朵朵开放的梅花都像是用淡淡的墨汁点染而成。它不需要别人夸奖它颜色多么好看，只是要将清香之气弥漫在天地之间。

《墨梅》是一首题画诗，本来是写在诗人所绘的《墨梅图》之上的。据不少专家考证，《墨梅图》现藏于北京故宫博物院。有人这样形容："此图作倒挂梅。枝条茂密，前后错落。枝头缀满繁密的梅花，或含苞欲放，或绽瓣盛开，或残英点点。正侧偃仰，千姿百态，犹如万斛玉珠撒落在银枝上。白洁的花朵与铁骨铮铮的干枝相映照，清气袭人，深得梅花清韵。干枝描绘得如弯弓秋月，挺劲有力。梅花的分布富有韵律感。长枝处疏，短枝处密，交枝处尤其花蕊累累。勾瓣点蕊简洁洒脱。"

第一句"我家洗砚池头树"。现在所见版本，有的把其中的"头"字写作"边"字，把原来的"吾"字写作"我"字。其实，它们的含义并无不同，恕不赘述。而王冕把自己洗砚的地方说成王羲之的洗砚池，又把王羲之的洗砚池说成他家的，这倒很有意思。这样写不正是表现诗人那种发自心底的自豪与自信吗？

第二句"朵朵花开淡墨痕"。原诗的"个个"与"朵朵"比较，还是"个个"略胜一筹。因为"朵朵"只能形容花的个数，而"个个"却是万能量词，用在这里可以发人深思，不仅可赋梅花以生命，更能传递诗人对他自己创造出来的作品的特殊情感。至于"淡墨痕"三个字，表面上是说所绘墨梅是用淡淡的墨水点染的，其实不仅暗示了诗人淡泊名利的品格，同时也巧妙地为后面"不要人夸颜色好"做好了铺垫。

第三句"不要人夸颜色好"。这句诗不仅与第二句相互照应、丝丝入扣，而且与最后一句融为一体，不仅表现出所绘墨梅的深刻内涵，更揭示了诗人纯美的内心世界。其中"颜色"一词，似乎只是指他的梅花是用淡墨画成，外表并不娇艳；其实，此"颜色"正是诗人超凡脱俗之人格的生动写照。

第四句"只留清气满乾坤"。这句中的"留"，原诗中写作"流"。二者比较，笔者觉得，还是"流"字更好。"留"，这里表示保留、传下去的意思，而"流"，则不仅包含了这层意思，还洋溢着一种源远流长的动态，散发出一种永远飘逸于宇宙中的馨香。而诗中的"乾坤"一词，则充分显示了王冕对自己人格魅力与艺术造诣的充分肯定。

后世人们对王冕的高度赞赏与歌颂，完全可以证明诗人这首诗并非自我吹捧，它所表现出来的，正是一种真正自信的中华文化精神。

思考寄语

王冕为所画梅花题咏的梅花诗，以借物抒怀的方式盛赞梅花的高风亮节，也寄托了画者自身的品格与气节。画作与梅花诗交相辉映，也彰显出画者“儒者心怀天下”的精神气概。诗人借梅自喻，表达了自己不向世俗献媚的人生态度。

22 石灰吟

诵读主体

千锤万凿出深山，烈火焚烧若等闲。
粉骨碎身浑不怕，要留清白在人间。

知人论世

于谦（1398—1457），字廷益，号节庵，官至少保，世称于少保。明朝浙江杭州钱塘县人。因参与平定汉王朱高煦谋反有功，得到明宣宗器重，担任明朝山西、河南巡抚。明英宗时期，因得罪王振下狱，后释放，起为兵部侍郎。土木之变后英宗被俘，郕王朱祁钰监国，擢兵部尚书。于谦力排南迁之议，决策守京师，与诸大臣请郕王即位。瓦剌兵逼京师，督战，击退之。论功加封少保，总督军务，终迫也先遣使议和，使英宗得归。天顺元年（1457）因“谋逆”罪被冤杀。谥曰忠肃。有《于忠肃集》。于谦与岳飞、张煌言并称“西湖三杰”。

于谦的一生，可谓历经千锤万击、烈火焚烧的磨难。先是参加科举考试时，以状元的文才被降到三甲第九十二名，几乎名落孙山。无它，就因为他不肯对主考官溜须拍马而招致妒恨。等到当上官，又因为敢于为民请命，严惩作奸犯科的权贵而受到排挤打击。人家当官前呼后拥，尽显官威；于谦当官便服一套、瘦马一匹。同僚并不以其为谦虚清廉，却说他坏了官场规矩。

1449年，瓦剌军队席卷南下，明英宗偏听全无军事常识的太监指画，结果土木堡一战，明朝最精锐的三大营，共约20万大军全军覆没，明英宗做了阶下囚。消息传到京城，有人主张南逃，有人主张投降。危急关头，于谦挺身而出，痛斥种种逃跑主义、投降主义，调集各路兵马保卫京城。敌方以英宗为人质，要明朝廷投降，否则就杀掉英宗。有人又主张献城投降以保英宗之命。于谦却义正词严地质问：到底国家民族重要，还是英宗的个人生命重要？坚决拒绝敌军最后通牒。于谦带领22万大军，坚守京城，一次又一次打退敌人的进攻。侵略者见死伤惨重捞不到半点油水，又顾虑中原毕竟国大力大，正所谓烂船尚有三斤钉，一个不小心被于谦反攻过来恐怕后果堪虞，就卖个顺水人情，在退军之时将英宗送回了明朝廷。英宗回朝登位不思于谦抗敌之功，却恨于谦不听瓦剌兵之劝，使自己几乎命丧刀下，就找个借口把于谦下狱，随即斩首，一泄私愤。一直到英宗死后，明宪宗登位，为了平息民愤、收买人心，才下令为于谦平反昭雪。怪不得民谚说：忠忠直直，终须乞食，奸奸狡狡，朝煎晚炒。

阅读鉴赏

译文：

（石灰石）只有经过千万次锤打才能从深山里开采出来，它把熊熊烈火的焚烧当作很平常的一件事。即使粉身碎骨也毫不惧怕，甘愿把一身清白留在人世间。

这是一首托物言志诗，作者以石灰石作比喻，表达自己为国尽忠，不怕牺牲的意愿和坚守高洁情操的决心。

首句“千锤万凿出深山”形容开采石灰石很不容易。次句“烈火焚烧若等闲”，“烈火焚烧”当然是指烧炼石灰石，加“若等闲”三字，使人感到不仅是在写烧炼石灰石，还象征着志士仁人无论面临着怎样严峻的考验，都从容不迫，视若等闲。第三句“粉身碎骨浑不怕”，“粉身碎骨”极形象地写出将石灰石烧成石灰粉，而“浑不怕”三字又使人联想到其中可能寓有不怕牺牲的精神。最后一句“要留清白在人间”，更是作者在直抒情怀，立志要做纯洁清白的人。

于谦为官廉洁正直，曾平反冤狱，救灾赈荒，深受百姓爱戴。明英宗时，瓦剌入侵，明英宗被俘。于谦议立明景帝，亲自率兵固守北京，击退瓦剌，使人民免遭蒙古贵族的再次野蛮统治。但英宗复辟后却以“谋逆罪”诬杀了这位民族英雄。这首《石灰吟》可以说是于谦生平和人格的真实写照。

思考寄语

这是一首托物言志诗，采用象征手法，字面上是咏石灰，实际以物比人，托物寄怀，表现了作者不避千难万险，勇于自我牺牲，以保持忠诚清白品格的可贵精神，尤其是作者那积极进取的人生态度和大无畏的凛然正气，更给人以启迪和激励。

23 爱莲说

诵读主体

水陆草木之花，可爱者甚蕃。晋陶渊明独爱菊。自李唐来，世人甚爱牡丹。予独爱莲之出淤泥而不染，濯清涟而不妖，中通外直，不蔓不枝，香远益清，亭亭净植，可远观而不可亵玩焉。

予谓菊，花之隐逸者也；牡丹，花之富贵者也；莲，花之君子者也。噫！菊之爱，陶后鲜有闻。莲之爱，同予者何人？牡丹之爱，宜乎众矣！

知人论世

周敦颐（1017—1073），原名周敦实，又名周元皓，字茂叔，谥号元公，道州营道楼田保（今湖南道县）人，世称濂溪先生，是“北宋五子”之一，宋朝理学思想的开山鼻祖，文学家、哲学家。

其著有《周元公集》《爱莲说》《太极图说》《通书》（后人整编进《周元公集》）。周敦颐所提出的无极、太极、阴阳、五行、动静、主静、至诚、无欲、顺化等理学基本概念，为后世的理学家反复讨论和发挥，成为理学体系中的重要内容。

其哲学思想的核心就是一个“诚”字。“诚”是他关于天道、人道、天人合一之道的最高境界的表达。“诚”主要分为天道本体论和心性本体论两方面。

在周敦颐看来，“诚”首先是宇宙存在的根据，是宇宙的本体，即天道本体论。在《太极图说》中，他认为人与万物同样都是二气交感所化生出来的，其源都是太极，再由太极推及人极，也就是把人的道德、人性看作与宇宙生生过程相同的无极太极、阴阳五行的过程，这样，周敦颐便为他的诚的理论奠定了宇宙论的基础。“诚”所体现的心性本体论一个突出的表现便是人的伦理道德。周敦颐如此推重“诚”，就是坚信人类具有真诚善良的本性。他发挥了《中庸》关于“诚”的思想，从宇宙论进而推演出人道观，建立了以“诚”为本的伦理道德学说。

阅读鉴赏

译文：

水上、陆地上的各种花草树木，值得喜爱的非常多。晋朝陶渊明唯独喜爱菊花。从唐朝以来，世人多喜爱牡丹。我唯独喜爱莲花从积存的淤泥中长出却不被污染，经过清水的洗涤却不显得妖媚。它的茎中间贯通，外形挺直，不牵牵连连，也不枝枝节节，香气远播，更加清香，笔直、洁净地立在水中。（人们）可以远远地观赏，但是不能轻易地玩弄它。

我认为，菊花是花中的隐士；牡丹，是花中的富贵者；莲花，是花中的君子。唉！对于菊花的喜爱，在陶渊明以后很少听到了。对于莲花的喜爱，和我一样的还有谁？对于牡丹的喜爱，人数当然就很多了。

周敦颐的《爱莲说》以“水陆草木之花，可爱者甚蕃”起头，开篇深沉大气，既点明了莲属水陆草木之花，也点明了莲的可爱，只是“甚蕃”者里的之一罢了，为他下文的“予独爱莲”埋下了伏笔。接下来周敦颐直接缩景，一句“晋陶渊明独爱菊”，更加明确了题意，陶渊明可以爱菊抒怀，我怎么不可独爱莲呢？

下句“自李唐来，世人甚爱牡丹”，像是重复，但实为加深语意也，而且此句入文，对比感更为强烈，为歌颂莲之高洁做了铺垫。大意是周敦颐本人独爱莲与晋陶渊明的爱菊避世——为保持一份高洁，宁愿终老南山不同，他要在尘世中当个出淤泥而不染的君子。这种在污世保持清白与独自避世求真的心态，与众人皆羡富贵（牡丹）的从众心态是有着思想境界上的本质的区别的。这为《爱莲说》所要表达的“出淤泥而不染”作了最好的铺垫。

下句周敦颐就直接进入了正题：“予独爱莲之出淤泥而不染，濯清涟而不妖，中通外直，不蔓不枝，香远益清，亭亭净植，可远观而不可亵玩焉”，写莲之语，爱莲之心，喻莲之志，可谓一气呵成，看似是对莲的直观描写，其实字字句句皆是借莲之表像倾诉心衷也，实让人叹为观止。可以说通篇读者无一丝喘息之机。语言超凡脱俗，而回味却是隽永绵长，越品越有滋味。

收篇，周敦颐先用花进行比喻，以花的特性喻人，虽平淡，但比喻贴切，让人读来也别有一番滋味。"予谓菊，花之隐逸者也；牡丹，花之富贵者也；莲，花之君子者也。"此平淡之句接上文"晋陶渊明独爱菊。自李唐来，世人甚爱牡丹。予独爱莲……"可谓浑然一体，不着丝毫痕迹。而更重要的是借花喻人，将陶渊明的避世，世人皆追求荣华富贵的心态描写得淋漓尽致，而无一言直接指责。

周敦颐通过这样的对比，将自己比喻为君子。君子难为，犹胜于避世也。从这一点来看，周敦颐有些孤芳自赏的意思。不过周敦颐也有自知之明，接下来他发出了深沉的感叹："菊之爱，陶之后鲜有闻。莲之爱，同予者何人？牡丹之爱，宜乎众矣。"是的，滚滚红尘，又有多少人能避世以求一份真呢？晋有陶渊明，却听都没听到还有人会这样做的。或是像我一样在尘世中能相守一份纯净的，像我这样追求君子风范的，又有几人？大多数的人，皆在红尘世事中从众罢了。从这里可以看出，周敦颐是高傲的，他那种不从众只求纯净的心态，在碌碌尘世中是难能可贵的。他感叹，是因为世风日下，大多数人皆被世事沾染也。

思考寄语

莲花，曾是古往今来文人笔下高歌咏叹的对象，但大多数文人都是惊叹于它的清姿素容；而这篇散文精品却独辟蹊径，通过对莲的形象和品质的描写，歌颂了莲花坚贞的品格，从而表现了作者洁身自爱、淡泊名利的高洁人格，不与世俗同流合污和对追名逐利的世态的鄙视和厌恶。作者用自己与莲花相呼应，鄙视了那些追逐名利的人。

24 立木取信

诵读主体

令既具，未布，恐民之不信，乃立三丈之木于国都市南门，募民有能徙置北门者予十金。民怪之，莫敢徙。复曰：“能徙者予五十金！”有一人徙之，辄予五十金。乃下令。

令行期年，秦民之国都言新令之不便者以千数。于是太子犯法，卫鞅曰：“法之不行，自上犯之。太子，君嗣也，不可施刑。刑其傅公子虔，黥其师公孙贾。”明日，秦人皆趋令。行之十年，秦国道不拾遗，山无盗贼，民勇于公战，怯于私斗，乡邑大治。秦民初言令不便者，有来言令便。卫鞅曰：“此皆乱法之民也！”尽迁之于边，其后民莫敢议令。

知人论世

司马光（1019—1086），字君实，号迂叟，陕州夏县（今山西夏县）人，世称涑水先生。北宋政治家、史学家、文学家。

宋仁宗宝元元年（1038），进士及第，累迁龙图阁直学士。宋神宗时，反对王安石变法，离开朝廷15年，主持编纂了编年体通史《资治通鉴》。历仕仁宗、英宗、神宗、哲宗四朝，官至尚书左仆射兼门下侍郎。元祐元年（1086）去世，追赠太师、温国公，谥号文正。名列“元祐党人”，配享宋哲宗庙廷，图形昭勋阁；从祀于孔庙，称“先儒司马子”；从祀历代帝王庙。

司马光为人温良谦恭、刚正不阿；做事用功，刻苦勤奋。以“日力不足，继之以夜”自诩，堪称儒学教化下的典范。生平著作甚多，主要有《温国文正司马公文集》《稽古录》《涑水记闻》《潜虚》等。

司马光的主要成就反映在学术上，其中最大的贡献，莫过于主持编写《资治通鉴》。《资治通鉴》是中国最大的一部编年史，全书共294卷，近400万字，通贯古今，上起战国初期韩、赵、魏三家分晋（前403），下迄五代（后梁、后唐、后晋、后汉、后周）末年赵匡胤（宋太祖）灭后周以前（959）。作者把这1362年的史实，依时代先后，以年月为经，以史实为纬，顺序记写；对于重大的历史事件的前因后果，与各方面的关联都交代得清清楚楚，使读者对史实的发展一目了然。

阅读鉴赏

本文最初出自《史记》卷六十八《商君列传》，后来司马光在《资治通鉴》中将其改编成《立木取信》一文。

商鞅立木取信是发生在战国时期秦国国都的一个事件。当时商鞅变法推出新法令，生怕民众不信任，便放了一根木头在城墙南门，贴出告示说：如有人将这根木头搬到北门就赏十金。所有民众都不信。直到将赏金提升至五十金时，才有一壮士将木头搬到了北门，商鞅如约赏给了他五十金。此举使商鞅取得了民众的信任，然后公布了变法的法令。这个故事也称商鞅立信。

商鞅从公元前356—前350年，大规模地推行过两次变法。公元前340年，卫鞅奉秦孝公命令攻打魏国，魏将公子昂原是商鞅在魏国时的朋友。商鞅就请公子昂和谈，公子昂顾及友情毫不怀疑，结果商鞅在会谈后生擒魏将公子昂，趁机大破魏军，迫使魏国交还过去夺走的西河地。

魏惠王说："寡人恨不用公叔痤之言也。"商鞅因此大功，受封于商（今陕西商县东南商洛镇）15个邑，号为商君。

公元前350年，商鞅又实行了第二次改革，大规模改革引起激烈斗争，许多贵族、大臣都反对新法。有一次，秦国的太子犯了法。商鞅对秦孝公说："国家的法令必须上下一律遵守。要是上头的人不能遵守，下面的人就不信任朝廷了。太子犯法，他的师傅应当受罚。"结果，商鞅把太子的两个师傅公子虔和公孙贾都办了罪，一个割掉了鼻子，一个在脸上刺上字。

这样一来，一些贵族、大臣都不敢触犯新法了。过了10年，秦国果然越来越富强，周天子打发使者送祭肉来给秦孝公，封他为"方伯"（一方诸侯的首领），中原的诸侯国也纷纷向秦国道贺。魏国不得不割让河西土地，把国都迁到大梁（今河南开封）。

公元前338年，秦孝公去世，太子驷即位，即秦惠王。公子虔等人告发商鞅"欲反"，秦惠王下令逮捕商鞅。商鞅逃亡至边关，欲宿客舍，客舍主人不知他是商君，见他未带凭证，告以商君之法，留宿无凭证的客人是要治罪的。商鞅想到魏国去，但魏国因他生擒公子昂，拒绝他入境。他回到自己的封邑，举兵抵抗，结果失败战亡，而后被下令车裂其尸。

思考寄语

商鞅“立木取信”的故事告诉我们诚信的重要性。在社会生活中，诚信是衡量一个人品格好坏的标准，一个诚信的人会赢得众人的信赖。做人要言出重如泰山，不轻易改变，否则就会失去他人对自己的信任。

方圆相宜　行稳致远

1 钱氏家训（节选）

诵读主体

执法如山，守身如玉。

爱民如子，去蠹如仇。

严以驭役，宽以恤民。

官肯著意一分，民受十分之惠；上能吃苦一点，民沾万点之恩。

利在一身勿谋也，利在天下者必谋之；利在一时固谋也，利在万世者更谋之。

大智兴邦，不过集众思；大愚误国，只为好自用。

聪明睿智，守之以愚；功被天下，守之以让；勇力振世，守之以怯；富有四海，守之以谦。

庙堂之上，以养正气为先；海宇之内，以养元气为本。

务本节用则国富，进贤使能则国强；兴学育才则国盛，交邻有道则国安。

知人论世

《钱氏家训》是一篇无价的宝典，是钱家先祖五代十国时期吴越国国君钱镠留给子孙的精神遗产。1924年，武肃王钱镠三十二代孙、安徽广德人钱文选纂修《钱氏家乘》，根据先祖武肃王八训和遗训，总结归纳了钱氏家训。《钱氏家训》以儒家“修身、齐家、治国、平天下”的道德理想为据，内容涵盖个人、家庭、社会和国家四个方面，对子孙立身处世、持家治业的思想行为做了全面的规范和教诲。千百年来，钱氏族人始终以家训为行为准则，践行着“利在一身勿谋也，利在天下者必谋之”的训言。

《钱氏家训》不只是钱氏后人的行为准则，更是留给每个中国人的宝贵精神遗产，是我们每个中国人都应该认真学习的成长训言。

阅读鉴赏

本文选自《钱氏家训》第四部分“国家篇”，文中的观点在今天仍然具有很强的规范意义，《家训》提出“执法如山，守身如玉”，要求为官者执法像山一样不可动摇，保持节操要像白玉一样无瑕。为官要刚正不阿，当身处某个位置面对诱惑时要保持自己的节操。对待百姓要爱民如子，要为百姓着想。《钱氏家训》认为：“官肯著意一分，民受十分之惠；上能吃苦一点，民沾万点之恩。”978年，末代吴越国国君钱俶“纳土归宋”，此举顺应民心，使天下人免于生灵涂炭，使社会稳定繁荣昌盛。钱俶正是遵循武肃王钱镠的遗训《钱氏家训》，以天下苍生为念，将所部十三州全部献给宋朝，成就了中华一统的历史佳话。这是当权者为百姓着想的最有力的证明。

《钱氏家训》还提到了为官时要做到谦虚和大智若愚，修养正气，为官者要谨恭，对老百姓要宽容和体贴，指出国家的富强之道在于节俭、任用贤人、兴学、交邻有道等，这些观点成为中国人的精神财富，集中体现了钱氏先贤的智慧，也成为中国人的精神财富。

思考寄语

钱氏家族在历史上，特别是在近代人才辈出，很多人认为这与《钱氏家训》有着密不可分的关系。好的家训家风是宝贵的精神财富，可贵之处在于其思想内涵与国家人民的命运息息相关，今天，如果每个人每个家族都将自己的前途命运与国家和人民的前途命运紧密相连，就可以绽放出艳丽的花。

2 晋书·吴隐之传（节选）

诵读主体

吴隐之字处默，濮阳鄄城人。美姿容，善谈论，博涉文史，以儒雅标名。弱冠而介立，有清操，虽儋石无储，不取非其道。事母孝谨，及其执丧，哀毁过礼。与太常韩康伯邻居，康伯母，贤明妇人也，每闻隐之哭声，辍餐投箸，为之悲泣。既而谓康伯曰："汝若居铨衡，当举如此辈人。"及康伯为吏部尚书，隐之遂阶清级，累迁晋陵太守。在郡清俭，妻自负薪。迁左卫将军。虽居清显，禄赐皆班亲族，冬月无被，尝浣衣，乃披絮，勤苦同于贫庶……及在州，清操逾厉，常食不过菜及干鱼而已，帷帐器服皆付外库，时人颇谓其矫，然亦终始不易。

及卢循寇南海，为循所得。刘裕与循书，令遣隐之还，久方得反。归舟之日，装无余资。及至，数亩小宅，篱垣仄陋，内外茅屋六间，不容妻子。刘裕赐车牛，更为起宅，固辞。后迁中领军，清俭不革，每月初得禄，裁留身粮，其余悉分赈亲族，家人绩纺以供朝夕。时有困绝，或并日而食，身恒布衣不完，妻子不沾寸禄。

义熙八年，请老致事，九年，卒。隐之清操不渝，屡被褒饰，致事及于身没，常蒙优锡显赠，廉士以为荣。子延之复厉清操，延之弟及子为郡县者，常以廉慎为门法，虽才学不逮隐之，而孝悌洁敬犹为不替。

知人论世

吴隐之（？—414），字处默，濮阳鄄城（今山东鄄城）人。曹魏侍中吴质的六世孙，东晋时期廉吏、名士。

善于清谈，博涉文史，以儒雅显名。得到吏部尚书韩康伯赏识，受荐出仕，历任散骑常侍、著作郎。元兴元年（402），出任龙骧将军、广州刺史，领平越中郎将。特意经过"贪泉"，饮水赋诗明志。治理广州期间，力矫贪渎腐败，以清廉著称。

义熙八年（412），授金紫光禄大夫；十年（414），去世，获赠左光禄大夫、散骑常侍。

阅读鉴赏

这篇文章选自《晋书》,《晋书》是中国“二十四史”之一, 为唐代房玄龄等人合著。

吴隐之是东晋时期的名士, 是廉洁的官吏。他善谈论, 长相俊美、儒雅。吴隐之对母亲极孝顺, 以至于感动了邻居, 因此被提携。他崇尚清廉, 喝“贪泉”之水并作诗明志。他廉洁奉公, 生活清简, 他的妻子亲自去背木柴, 住得也简陋, 衣服洗了就只能披着棉絮取暖。

吴隐之在广州任职多年, 离任之时, 带走的仍是来时带的东西, 妻子买来一斤沉香准备带走, 他觉得来路不明, 便把沉香直接扔到水里。两晋时官风腐败, 吴隐之能坚守清廉, 是非常难能可贵的。有人认为他是在作秀, 而他不在乎别人的误解, 仍能坚守自己的节操, 从吴隐之的身上可以看到, 一个人清廉与否, 不能只考虑外界因素, 还要在自身找原因。

吴隐之的后代虽然才华与声望比不上吴隐之, 但把这种廉慎作为家风传承了下去, 实在让人感到欣慰。

全文娓娓道来, 抓住了吴隐之清廉俭朴的特点, 选了多个事例进行论述, 给人留下了深刻的印象。

思考寄语

吴隐之把清廉俭朴作为人生的信条。他甘于清贫, 没有把当官作为捞钱、中饱私囊的途径, 不沉湎于物质的享受, 做到了无贪欲, 成了清廉之官, 自己特意喝“贪泉”之水来表明心志。在那个时代, 吴隐之能坚守自己的理想情操, 这样的人可谓凤毛麟角, 今天我们也要努力做到洁身自好, 抑制自己的贪欲, 清廉为官, 清洁为人。

3 咏煤炭

诵读主体

凿开混沌得乌金，蓄藏阳和意最深。
爝火燃回春浩浩，洪炉照破夜沉沉。
鼎彝元赖生成力，铁石犹存死后心。
但愿苍生俱饱暖，不辞辛苦出山林。

知人论世

于谦（1398—1457），字廷益，号节庵，明代仁和（今杭州）人。出身仕宦世家。从小聪颖过人，承袭家教。6岁入私塾，15岁时考取县儒学生员，博览群书，尤其喜读苏武、诸葛亮、岳飞、文天祥等人著述，崇拜他们的正直气节。17岁乡试落第后，闭门读书，到20岁考取县学廪生，名列前茅。23岁中举，次年入京会试，名列第一。明永乐十九年（1421）中进士，但殿试时因策伤时，只得三甲第92名。任山西道监察御史。永乐二十一年（1423），奉命出巡湖广，考察官军功过，又到川贵边境招抚瑶、壮等少数民族。他微服私访，详察民隐，在江西昭雪冤狱数百人，斥革犯法王府官员15人，一时威震府县。在川贵边境，他察知边将胡作非为，“邀功妄杀”，就如实揭发，加以惩处，兴利除弊，政誉卓著。宣德三年（1428），受都察院右都御史顾佐的荐举，任江西监察御史。两年后，调任兵部右侍郎兼都御史，巡抚山西、河南等地。在任19年间，兴修水利、筑路铺道、植树挖井、贷粮济贫、施药救难等，政绩颇大。他屡屡上书为民请命，当时内阁三学士杨荣、杨溥、杨士奇佐政，政清治正，凡于谦所奏，都一一允准。后宦官王振把持朝政，于谦遭到忌恨和打击。正统十一年（1446），于谦上京奏事，荐举河南、山西参政孙原贞、王来两人出任巡抚，王振唆使通政使李锡上本弹劾，诬陷于谦因长期不得升迁而心怀怨恨，任意荐人自代，不合体统，因而下狱三月。在河南、山西两省官民和周、晋两藩王府的请求下，王振释放于谦出狱，将其降为大理寺少卿；后因迫于民愤，又恢复其河南、山西两省巡抚（都察御史）之职。正统十二年（1447），任兵部右侍郎，次年又升为兵部左侍郎，协理军务。

正统十四年（1449）六月，英宗在王振挟持下，对瓦剌部的侵扰举棋不定，开始步步退让，后又轻举妄动，率兵亲征。“土木堡之役”，英宗被俘，瓦剌首领也先率军大举南侵，京城危在旦夕。留京监国的郕王朱祁钰急召朝臣共议对策，当时朝廷上下一片恐慌，翰林院侍讲徐珵等人主张迁都。于谦临难受命为兵部尚书，主持军务，坚决驳斥迁都派，厉声说：“言南迁者，可斩也！”他率兵22万，精心部署，列阵九门，誓死抗敌，并扶郕王即位，追英宗为太上皇，以定民心。经过5天激战，击退了瓦剌部的进攻，取得了京师保卫战的胜利。于谦以功加官少保。景泰元年（1450），英宗朱祁镇回到北京，皇位争夺趋于激化。在于谦等主张顾全大局的大臣的提议下，代宗朱祁钰表面上欢迎太上皇回京，暗地废立英宗皇储，另立己子为皇太子。不久，代宗皇太子病死，仍不准英宗子恢复皇储。英宗被软禁在南宫，图谋复位。景泰八年（1457）正月十七日，英宗乘代宗病重之际，纠集旧臣冲进东华门，登奉天殿行即位典礼，复辟成功，史称“夺门之变”。英宗复位后，开始清除异己，把于谦等大臣下狱，幽杀代宗于西宫。不久，处死了于谦、大学士王文等人。于谦遗体为都督同知陈逵收殓，次年归葬杭州西湖三台山。成化元年（1465），宪宗朱见深即位，为于谦平反冤狱，恢复其官位名誉，改于谦北京故居为“节忠祠”、杭州故居为“怜忠祠”。弘治二年（1489），追赠其为光禄大夫、柱国、太傅，谥肃愍，万历中改谥忠肃。

于谦能诗善文，著有《于肃愍公集》8卷、《少保于公奏议》10卷等。

阅读鉴赏

译文：

凿开混沌之地层，获得乌金是煤炭。蕴藏无尽之热力，心藏情义最深沉。
融融燃起之炬火，浩浩犹如是春风。熊熊洪炉之烈焰，照破沉灰色的天。
钟鼎彝器之制作，全赖生成是原力。铁石虽然已死去，仍然保留最忠心。
只是希望天下人，都是又饱又暖和。不辞辛劳不辞苦，走出荒僻山和林。

这首诗是明代于谦所作，和《石灰吟》都属于作者托物抒怀言志的作品。全诗以煤炭自喻，表明了自己为国家和人民无私奉献的伟大精神。

首联点题，介绍了开采煤炭的过程及煤炭所蕴藏的巨大能量。

颔联细致地描摹了煤炭的功用，它可以给人带来温暖，可以将灰沉的夜空被照亮，煤炭这个意象已经有了诗意的形象，带有人格的象征意义，为后面的抒怀言志打下了基础。

颈联用鼎彝之比从百姓做饭用的器具引申到了国家朝廷，用铁石忠心比喻能够关心国家人民的臣子，万死不辞，初心不改，这也是于谦的自比。

尾联将煤炭彻底人格化，只要是天下人能饱暖，我愿不辞劳苦地走出荒僻之山林，全面地表达了自己的奉献精神。

这首诗用比喻的修辞手法，赋予煤炭人格的魅力，托物言志，紧扣煤炭的特点。前两联以摹物为主，刻画了煤炭的形象，为后文的抒发打好基础，后两联以言志为主，以铁石来表现自己的坚贞，以煤炭来形容自己的鞠躬尽瘁、无私奉献，像“春蚕到死丝方尽，蜡炬成灰泪始干”。纵观于谦的一生，确如他自己所说的那样，在践行着自己的人生理想，虽万死而不辞。

思考寄语

于谦写过大家熟悉的《石灰吟》，抒发了自己高洁的人生理想：“要留清白在人间”，而《咏煤炭》则表达了其奉献精神，大丈夫需以天下为己任，像煤炭一样，从地层深处凿出，不辞万苦来到人间的目的是让苍生获得温饱，其行为品格光耀古今。

4 治安疏（节选）

诵读主体

户部云南清吏司主事臣海瑞谨奏：为直言天下第一事，以正君道、明臣职，求万世治安事。

君者，天下臣民万物之主也。惟其为天下臣民万物之主，责任至重。凡民生利病，一有所不宜，将有所不称其任。是故事君之道宜无不备，而以其责寄臣工，使之尽言焉。臣工尽言，而君道斯称矣。昔之务为容悦，阿谀曲从，致使灾祸隔绝，主上不闻者，无足言矣。

过为计者则又曰：“君子危明主，忧治世。”夫世则治矣，以不治忧之；主则明矣，以不明危之：无乃使之反求眩瞀，莫知趋舍矣乎！非通论也。

臣受国厚恩矣，请执有犯无隐之义，美曰美，不一毫虚美；过曰过，不一毫讳过。不为悦谀，不暇过计，谨披沥肝胆为陛下言之。

知人论世

海瑞（1514—1587），字汝贤，号刚峰，广东琼州府琼山县（今海南海口）人。明嘉靖二十八年（1549）以《治黎策》中举人。嘉靖三十六年（1557）曾任浙江淳安县知县，在任期间著有《淳安政事》。嘉靖四十三年（1564）任户部云南司主事。当时的明世宗迷信道教，为寻求长生不老之术，长年不理朝政。海瑞于嘉靖四十五年（1566）在《治安疏》中批评嘉靖是“家家皆净”，结果皇帝大怒，将他免去官职投入监狱。世宗死后，穆宗即位，恢复了海瑞的官职，后又屡次升迁，最终海瑞因病逝世于南京右佥都御史任上。时人称为“南包公”“海青天”。

《治安疏》，又称《直言天下第一疏》《谏修斋建醮疏》。这篇奏疏指责了朱厚熜迷信道教、妄想长生、昏聩误国的过失，指出天下“吏贪将弱”“民不聊生”，都是由于他的“误举”所致，甚至讽刺他的年号“嘉靖”，意味着“家家皆净而无财用”。文书最后提出了改革政事的具体意见，希望采纳。

阅读鉴赏

海瑞被称为南青天，他清廉耿直，朴素节俭，能够关心百姓的疾苦，勇敢地向恶势力宣战，不惧权贵，即使是皇帝。在地方当官时，他积极进行改革，为老百姓做了一些好事，因此得到了百姓的赞美和支持。关于海瑞我们熟悉的故事有《海瑞罢官》。

这篇文章是嘉靖四十五年海瑞任户部主事时写的，文章语言朴素简明，语重心长、言语恳切、又说理透辟，义正词严。

当时，明王朝内忧外患，社会矛盾突出，然而明世宗朱厚熜却一心修道，不问政事，历史上就有他二十年不问政事的说法。海瑞面对这种情况，怀着满腔激愤，写成这篇历史上出名的奏疏。

在古代，“武死战，文死谏”是一种道德标准，所以从理论上讲，文官直言进谏就是他们的分内职责。海瑞的《治安疏》在当时看来无异于求死申请书。一开始海瑞就点明直言作为国家第一要事，用来端正君道、明确臣职，寻求万世治安的问题，君者为天下臣民万物之主，责任至重。君者要关心百姓的利益和生活疾苦，而大臣应该畅所欲言，否则君道不正、臣职不明，都是一种不称职的表现。前面的论述为自己的直言提供了理论的依据，然后，他指责朱厚熜迷信道教、不理朝政。甚至讽刺他的年号“嘉靖”意味着“家家皆净而无财用”。另外，他义正词严地对官吏阿谀逢迎、只顾个人身家禄位的卑鄙自私行径予以无情揭露。最后他对改革政事提出自己的建议，希望皇帝采纳。

据说海瑞在上奏疏之前已经托人买好棺材以示死谏的决心，幸运的是明世宗并没有杀死他，但一直把海瑞关在牢狱里，直到明世宗死去，他的继任才恢复海瑞的官职。海瑞用直言的方式验证了古代以忠君尽数为核心的最高道德准则，今天看来仍让人唏嘘不已。

全篇语言简朴明白，直言表达忠心，体现了一种忧国忧民的情感内涵。

思考寄语

唐代的魏徵善于向唐太宗进谏，明代的海瑞也能直言进谏，但是当时的明世宗却不是非常喜欢别人提意见，在这种情况下海瑞勇敢地进谏，甚至在奏折中讽刺嘉靖意味着“家家皆净而无财用”，可以看出海瑞的忠心与耿直已经到了无惧死亡的程度，能做到这点是因为他明确作为臣子的责任。今天，我们需要向别人提出意见时，除了可以直言指出，也可以采取合适的策略委婉地把道理讲清，这样的效果可能会更好。

5 中庸（节选）

诵读主体

君子素其位而行，不愿乎其外。素富贵，行乎富贵；素贫贱，行乎贫贱；素夷狄，行乎夷狄；素患难，行乎患难。君子无入而不自得焉。在上位，不陵下；在下位，不援上；正己而不求于人，则无怨。上不怨天，下不尤人。故君子居易以俟命，小人行险以徼幸。子曰：“射有似乎君子。失诸正鹄，反求诸其身。”

知人论世

子思，鲁国人，姓孔，名伋，孔子之孙，春秋战国时期儒家学派的主要代表人物之一。历史上称其为“述圣”，他开创的学派被称为“子思之儒”，与孟子并称为思孟学派。《汉书·艺文志》著录《子思》二十三篇，已佚。

《中庸》在西汉时被戴圣整理并编入《礼记》中。魏晋南北朝时期，伴随着儒道合一、佛道流行的时代新趋势，有学者把儒家的“中庸”与道家的“无为”联系起来，为“尚俭”立据，但影响有限。如三国时期魏刘劭在《人物志》中将“中庸”作为一种极高的德行进行推广，把“中庸”列为最完美之“情性”。据记载，当时伴随着佛家“格义”学说的流行，还有引佛家义理释解“中庸”的著作出现。

唐代李翱将《中庸》尊为经书，撰有《复性书》，提出了一个《中庸》的传承谱系，并与佛家心性之学相糅合，阐发与弘扬《中庸》儒家天道性命学说。他将传承和弘扬《中庸》天道性命之说为已任，在糅合佛儒观念的基础上，用佛家“不动心”的理论来诠释儒家“诚”的内涵，不仅由此建构起了一个较为完整的思想体系，而且，其集汇佛家与儒家的心性学说于一体，对后来宋明理学的理论建构也产生了重要的影响。

宋代以来，《中庸》逐步确立了儒家经典地位，成为科举考试的重要内容。宋真宗年间，曾将《中庸》一书作为科考的内容；宋仁宗时，还对新中的进士颁赐《中庸》一书作为奖励。北宋程颢、程颐首先将《大学》《中庸》《论语》《孟子》同等看待，并行同列，提高了《中庸》的儒学地位和社会影响，为《中庸》成为宋明道学问世的理论基础开辟了道路。

南宋朱熹作《中庸章句》，与《大学章句》《论语集注》《孟子集注》 合编成《四书章句集注》；南宋嘉定五年（1212），《四书章句集注》被封为“国学”，“四书”的官方地位被正式确立，《中庸》遂正式升格为儒家经典。

进入21世纪，随着中国崛起成为国际关注的话题，以及新的出土文物文献的发现与阐释，人们对中国思想文化重要体现的《中庸》的研究更加深入，其意义不仅为当代中国学界所关注，而且成为国际会议的重要议题。

阅读鉴赏

南宋的朱熹把《中庸》《大学》《论语》《孟子》并称为“四书”。《中庸》的核心思想是恪守中道，坚持原则，不偏不倚，无过无不及。

本篇选自《中庸》第十四章，意思是：君子安于目前的地位应做的事，不羡慕自己地位以外的东西。地位富贵，就做富贵人所做的事；地位贫贱，就做贫贱人该做的事；处在夷狄（少数民族代称）地位上，就做夷狄该做的事；处在患难地位上，就做患难时该做的事。如此，君子无处不感到怡然自得。居上位，不欺凌下级；在下位，不攀附上级；端正自己不苛求他人，这样就没有怨恨。对上不怨天命，对下不抱怨别人。所以君子安于自己的地位，努力不止以等待天命到来，小人则冒险求得本不应该获得的东西。孔子说："射箭的道理与君子的行为有相似的地方：假如没有射中靶子，就应该反过来责求自己（改变与提高）。"

此篇不是我们所说的做老好人、和稀泥，它也讲原则。如果说做好本职工作，不羡慕自己地位以外的东西，就会怡然自得；要求君子安于现状，做好自己，不怨天尤人，这样上天就可能给予你所想要得到的，而冒险去追求非分的东西，这种行为是很危险的。《中庸》提出君子要深刻自省，如果没有成功，不要找理由，而是要从自身找原因，努力改变、提高自己。

思考寄语

君子要找准自己的定位，做好力所能及的事情，这样才会有幸福感，但有些人的理想和追求总是脱离现实，为了获得分外的东西而失去了自我。这个世界需要科学家，也需要外卖员，我们在力所能及的范围内努力发掘自己的潜力，在合适的工作上做最快乐的自己，这就是满足，才有可能最大限度地发挥自己对社会的作用。

6 我微笑着走向生活

诵读主体

我微笑着走向生活，
无论生活以什么方式回敬我。
报我以平坦吗？
我是一条欢乐奔流的小河。
报我以崎岖吗？
我是一座庄严思索的大山。
报我以幸福吗？
我是一只凌空飞翔的燕子。
报我以不幸吗？
我是一根劲竹经得起千击万磨！
生活里不能没有笑声，
没有笑声的世界该是多么寂寞。
什么也改变不了我对生活的热爱，
我微笑着走向火热的生活！

知人论世

汪国真（1956—2015），祖籍福建厦门。当代诗人、书画家。

1982年毕业于暨南大学中文系。1984年发表第一首比较有影响的诗《我微笑着走向生活》。1985年起将业余时间集中于诗歌创作，其间一首打油诗《学校一天》刊登在《中国青年报》上。1990年，汪国真开始担任《辽宁青年》《中国青年》《女友》的专栏撰稿人，掀起一股“汪国真热”。

汪国真自称其创作得益于四个人：李商隐、李清照、普希金（俄国）、狄金森（美国）。作品风格追求普希金的抒情、狄金森的凝练、李商隐的警策、李清照的清丽。

阅读鉴赏

汪国真在这首诗里直接宣布“我微笑着走向生活”，自信之中飘散出几分洒脱。紧接着他冷静而又沉着地对读者也是对自己说：“无论生活以什么方式回敬我”，如同对一个知心的朋友说出肺腑之言，诗人把自己的内心世界清晰地传递出来。

生活是人生的唯一老师，为了教会人们不负生活，她常以一副严肃的面孔出现。在生活的土壤上有耕耘就会有收获，洒下的汗水总是默默地滋润你的生命之树使之常青。生活给人们带来的幸福像期待已久的节日，饱含着突如其来的喜悦。全身心地沉浸在幸福中吧，这是生活给你的应得酬劳。诗人郑重地提醒，从不幸走向幸运的前提是要做“一根劲竹”，“经得起千击万磨”。这就是“微笑着走向生活”的心态，顺利时欢欣，曲折时坦然。

“生活里不能没有笑声，没有笑声的世界该是多么寂寞”，这个意味深长的总结，把诗人的情思推向更广阔的视野和更深邃的哲理，诗人愿意“微笑着走向生活”并不意味着只关心一己的悲欢，而在于给这世界增添几分绚丽的姿色。没有笑声的世界是寂寞的，充溢着欢笑的世界犹如理想的乐园，让人心醉陶然。起句与诗尾完全相同的两个诗句之间实际走完了精神炼狱的一个轮回，这就是汪国真带给读者的启示：在平淡、恬静、自然中将人的精神升华到另一个境界，改变并影响一个人的人生心态，这不仅是生活信念的推动力量，更是诗歌的魅力与千千万万渴望着生活的读者的心灵共鸣。

思考寄语

面对着五彩缤纷的生活，每个人都能道出许许多多酸甜苦辣的感慨，感慨的背后往往隐含着他们选择生活的标准和投入生活时的心态。无论遇到什么艰难险阻，无论遇到什么坎坷，都是生活对我的施舍，也是生活对我的考验，所以我们要珍惜生活，珍惜每天的快乐，要积极乐观地去战胜困难，要顽强且敢于与命运抗争。

7 歇午工

诵读主体

放下了工作，
什么都放下了。
他们要睡——睡着了，
铺一面大地，
盖一身太阳，
头枕着一条疏淡的树荫，
这个的手搭上了那个的胸膛。
一根汗毛，
挑一颗轻盈的汗珠，
汗珠里亮着坦荡的舒服。
阳光下，铁色的皮肤上开一大片白花，
粗暴的鼾声扣着呼吸的匀和。
沉睡的铁翅盖上了他们的心，
连个轻梦也不许傍近，
等他们静静地睡过这困人的正晌。
爬起来，
抖一下，
涌一身新的力量。

知人论世

臧克家（1905—2004），山东诸城人，笔名少全、何嘉，中国现代诗人、作家、编辑家。曾任中国诗歌学会会长，中国毛泽东诗词研究会名誉会长，中国写作学会名誉会长。

1905年10月8日，出生于山东潍坊诸城臧家庄一个破落的地主家庭。1923年夏，考入山东省立第一师范，其间，阅读了大量新文学作品，并开始习作新诗。1927年初，考入中央军事政治学校武汉分校（黄埔军校第五期），并参与了北伐。1933年，第一部诗集《烙印》出版，受到闻一多、茅盾等前辈的好评。1949年7月，当选中华全国文学工作者协会委员。1954年，出版诗集《臧克家诗选》。1956年，调任中国作家协会书记处书记。1959年，出版诗集《春风集》《欢呼集》与传记长诗《李大钊》。“文化大革命”中遭受迫害，被迫停止文学创作和社会活动，下放到湖北咸宁“五七”干校。1980年2月12日，在《人民日报》发表《说和做——记闻一多先生言行片段》，后被选入人教版初中语文教材。2002年12月，十二卷本《臧克家全集》出版。

阅读鉴赏

《歇午工》在以劳动为题材的诗篇中，属于独具匠心的作品。诗中描绘了一幅劳动者的午休图，细致入微地刻画了劳动者所独有的静的姿态。整首诗不追求华丽的辞藻，不渲染浓艳的色彩，而是以沉静的大地、柔和的阳光、疏淡的树荫烘托劳动者“铁色的皮肤”“粗暴的鼾声”和“坦荡”的“胸膛”。诗中有画，给人以清新、朴素的美感。

《歇午工》写得朴素、洒脱、自然，留给人们以想象的余地：劳动者是多么豪迈——“铺一面大地，盖一身太阳”；劳动者的休息又是多么舒畅——“这个的手搭上了那个的胸膛”；休息之后又是多么活跃——“爬起来，抖一下，涌一身新的力量”。诗人对于铸字造句，十分讲究。这首诗中，几乎每个字句，都是经过认真锤炼的，特别是从“一根汗毛，挑一颗轻盈的汗珠”，“沉睡的铁翅盖上了他们的心”这些精巧、形象的诗句中，可以看出诗人创造艺术语言的功力。虽然诗中所描绘的劳动者轻松愉快、无忧无虑，但通观全诗，细品结尾，可知劳动者午休之前的工作是辛劳的，也能读出诗歌的主旨在于赞颂劳动者身上所蕴含的无穷创造力。

思考寄语

劳动光荣，创造伟大。歌颂劳动，无需华丽的辞藻；歌颂劳动者朴实的心灵，无需堆砌的语言。世界很大，劳动者很美。坚定信心、保持干劲，弘扬劳动精神，克服艰难险阻，在平凡岗位上续写不平凡的故事。传承、发扬劳模精神，争做新时代的好青年。我们一起加油！

8 当你老了

诵读主体

当你老了，头发花白，睡意昏沉，
坐在炉火边打，你取下这本书，
用心品读，回忆曾经美丽的容颜，
你那柔美的双眸，和眼中深幽的暗影。
多少人爱你青春欢畅的时光，
爱慕你的美丽，或者假意，或者真心，
唯独一人爱你内心深处的虔诚灵魂，
还有你脸上深深的皱纹。
炉火跳跃，你蜷缩在椅子里，
忧伤地喃喃自语，感叹爱情如何流逝，
如何漫步山峦，如何屹立于巅峰之上，
又怎样藏身于群星之后，不见踪影。

知人论世

叶芝（1865—1939），亦译“叶慈”“耶茨”，爱尔兰诗人、剧作家和散文家，著名的神秘主义者，是爱尔兰文艺复兴运动的领袖，也是艾比剧院（Abbey Theatre）的创建者之一。叶芝的诗受浪漫主义、唯美主义、神秘主义、象征主义和玄学诗的影响，演变出其独特的风格。叶芝的艺术代表着英语诗从传统到现代过渡的缩影。叶芝早年的创作具有浪漫主义的华丽风格，善于营造梦幻般的氛围，其1893年出版的散文集《凯尔特的薄暮》便属于此风格。然而进入不惑之年后，在现代主义诗人艾兹拉·庞德等人的影响下，尤其是在其本人参与爱尔兰民族主义政治运动的切身经验的影响下，叶芝的创作风格发生了比较激烈的变化，更加趋近于现代主义了。

叶芝曾于1923年获得诺贝尔文学奖，获奖的理由是“用鼓舞人心的诗篇，以高度的艺术形式表达了整个民族的精神风貌”。被诗人艾略特誉为“当代最伟大的诗人”。

阅读鉴赏

《当你老了》是叶芝于1893年创作的一首爱情诗歌，写给诗人终生追求的女性茅德·冈。她是一位才华出众的演员，但一直投身于爱尔兰的民族自治运动，并成为这场运动的领导人之一。

这首爱情诗是独特的，其独特来自诗人独特而真挚的情感，若没有这种情感而刻意去别出心裁，只会让人觉得做作。因而，本诗与其说是诗人在想象中讲述少女的暮年，不如说是诗人在向少女、向滔滔流逝的岁月剖白自己天地可鉴的真情。从这个意义上讲，打动我们的正是诗中流溢出的那股哀伤无望却又矢志无悔的真挚情感。

整首诗韵律齐整，语言简明，意境优美。诗里没有华丽的辞藻，朴素平淡的文字背后却潜藏着磅礴的情感。全诗共分三节。这三节诗，有起有结，相互照应，颇具匠心。第一节开篇点题，诗人以一个假设性的时间状语开头，想象若干年后年迈的恋人在炉火旁阅读诗集的情景。第二节是全诗的重心，诗人采用对比的手法巧妙地表达了自己的一片深情。第三节又转向未来虚拟的意境之中。

对叶芝而言，爱情永远不会消亡，在这个以时间为命题的诗歌中，诗人不仅以细腻的笔触生动地传达出生命个体独特的情感体验，更为可贵的是，诗人从个人的感受领悟到全人类的普遍而又共同的经验，从而实现了个体对人生及世界的超越。

思考寄语

春风十里，不如你。爱情只有超越时光，超越外在的美丽，才可能恒久。属于你的玫瑰要开在对的季节。处于青春萌动期的我们，应该审视一下自己，有没有透过岁月的眼光，有没有担起这份厚重的能力。时间不能复制，人生不能重演，更应该把追求美好作为动力。男女同学之间要有交往，培养正确的情感表达方法。因为懂得，所以珍惜；因为克制，所以永存。

9 《老子》二章

诵读主体

第十五章“古之善为士者”

古之善为士者，微妙玄通，深不可识。夫唯不可识，故强为之容：豫兮，若冬涉川；犹兮，若畏四邻；俨兮，其若客；涣兮，若冰之将释；敦兮，其若朴；旷兮，其若谷；浑兮，其若浊。孰能浊以止，静之徐清？孰能安以久，动之徐生？ 保此道者不欲盈。夫唯不盈，故能敝而新成。

第二十二章“曲则全”

曲则全，枉则直；洼则盈，敝则新；少则得，多则惑。是以圣人抱一为天下式。不自见，故明；不自是，故彰；不自伐，故有功；不自矜，故长。夫唯不争，故天下莫能与之争。古之所谓“曲则全”者，岂虚言哉？诚全而归之。

知人论世

老子，姓李名耳，字聃，一字伯阳，或曰谥伯阳，春秋末期人，生卒年不详，籍贯也多有争议，《史记》等记载老子出生于楚国或陈国。中国古代思想家、哲学家、文学家和史学家，道家学派的创始人和主要代表人物，与庄子并称“老庄”。后被道教尊为始祖，称“太上老君”。在唐朝，被追认为李姓始祖。曾被列为世界文化名人，世界百位历史名人之一。

老子曾担任周朝守藏室之史，以博学而闻名，孔子曾入周向他问礼。春秋末年，天下大乱，老子欲弃官归隐，遂骑青牛西行。到灵宝函谷关时，受关令尹喜之请著《道德经》。

老子思想对中国哲学发展具有深刻影响，其思想核心是朴素的辩证法。在政治上，主张无为而治、不言之教；在权术上，讲究物极必反之理；在修身方面，讲究虚心实腹、不与人争的修持，是道家性命双修的始祖。

老子传世作品《道德经》（又称《老子》），是全球文字出版发行量最大的著作之一。

阅读鉴赏

译文：

古时候得道之士微妙通达，深刻玄远，不是一般人可以理解的。正因为不能认识他，所以只能勉强地形容他说：他小心谨慎啊，好像冬天踩着水过河；他警觉戒备啊，好像防备着邻国的进攻；他恭敬郑重啊，好像要去赴宴做客；他行动洒脱啊，好像冰块缓缓消融；他纯朴厚道啊，好像没有经过加工的原料；他旷远豁达啊，好像深幽的山谷；他浑厚宽容，好像不清的浊水。谁能使混浊安静下来，慢慢澄清？谁能使安静变动起来，慢慢显出生机？保持这个“道”的人不会自满。也正因为他从不自满，所以能够去故更新。

这一段阐释上古得道圣人高深莫测，其形象、精神气质都显示出玄妙和超脱。人能处于心神沉静、安定、虚灵的状态，方可圆融无碍，不为外境的纷繁复杂所迷惑，方可立于不败之地。老子称赞“得道”之人“微妙玄通，深不可识”，他们掌握了事物发展的普遍规律，懂得运用普遍规律来处理现实存在的具体事物，也可以说这是教一般人怎样掌握和运用“道”。

译文：

委曲反能保全，绕弯反能直达，低洼反能盈满，陈旧反能生新，少取反能多得，贪多反而迷惑。因此，有道的人总是让对立的双方抱合为一，作为天下事物的准则。不自我表现，反而能够显露；不自以为是，反而是非彰显；不自我吹嘘，反而能见功劳；不妄自尊大，反而为人之长。正是因为不与人相争，所以天下没有人能与他争。古人讲的“曲则全”的说法，怎么会是空话呢？它是实实在在可以做到的啊。

曲成万物是大道，懂得这个道理，才能圆满。从过往的经验来看，《老子》每一章的第一句往往是核心，老子的道理不仅是曲线的，叫“曲则全”，而且叙述的方法也是曲面循环的。天体的运行方式是曲面圆弧状态的，这是宇宙规律，一个圆才能称为圆满，线的两端相接就是一个完整的循环。做人处事，要利人利己也要符合“曲则全”的道理，当我们在生活里遇到问题，如果善于应用“曲线”的艺术，往往问题都能迎刃而解。

思考寄语

正所谓“世事洞明皆学问，人情练达即文章”。为人处世是一门非常重要也极为高深的学问。古人说“做人要外圆内方”，圆并不是圆滑，圆的前提是内心有直的原则和目标，行事手段具备曲的艺术性。我们需要努力，加强学习，让自己成为有内涵的人。学识和涵养是“外圆内方”的基础，只有有了知识，有了技术，才会有足够的底气，才能在处理人际关系的时候做到圆润变通、处变不惊，才能修成“外圆内方”的智慧人生。

10 曾子烹彘

诵读主体

曾子之妻之市，其子随之而泣。其母曰：“女还，顾反为女杀彘（zhì）。”妻适市来，曾子欲捕彘杀之。妻止之曰：“特与婴儿戏耳。”曾子曰：“婴儿非与戏也。婴儿非有知也，待父母而学者也，听父母之教，今子欺之，是教子欺也。母欺子，子而不信其母，非所以成教也！”遂烹彘也。

知人论世

韩非（约前280—前233），又称韩非子，战国末期韩国新郑（今属河南）人。中国古代思想家、哲学家和散文家，法家学派代表人物。

韩非是法家思想之集大成者，集商鞅的“法”、申不害的“术”和慎到的“势”于一身，将辩证法、朴素唯物主义与法融为一体，为后世留下了大量言论及著作。其学说一直是中国封建社会时期统治阶级治国的思想基础。

韩非著有《孤愤》《五蠹》《内储说》《外储说》《说林》《说难》等文章，后人收集整理编纂成《韩非子》一书。

曾子（前505—前435），姓曾，名参，字子舆，春秋末年鲁国南武城（今山东临沂平邑南武城）人。16岁拜孔子为师，勤奋好学，颇得孔子真传。积极推行儒家主张，传播儒家思想。

阅读鉴赏

译文：

曾子的妻子到集市去，她的儿子一边跟着她一边哭泣。他的母亲（曾子的妻子）说：“你回去，等我回家后为你杀一头猪。”妻子到集市后回来了，曾子就要抓住一头猪把它杀了，妻子制止他说：“（我）只不过是与小孩子开玩笑罢了。”曾子说：“小孩子是不能和他开玩笑的。小孩子是不懂事的，是要依赖父母学习的，并听从父母的教诲。现在你欺骗他，是在教他欺骗。母亲欺骗儿子，儿子就不会相信自己的母亲，这不是教育孩子该用的办法。”于是（曾子）马上杀猪煮了吃。

《曾子烹彘》讲述了曾子用自己的行动教育孩子要言而有信，诚实待人。同时这个故事也教育成年人，自己的言行对孩子影响很大。待人要真诚，不能欺骗别人，否则会将自己的子女教育成一个待人不真诚的人。

思考寄语

父母是子女的第一任启蒙老师。父母的言行对子女将来的成长具有重要的作用，有见识的家长在孩子面前处处以身作则，以培养他们良好的品德。曾子这样做完全是正确的，他用自己的行动教育孩子要言而有信，诚实待人，虽杀了一头猪，眼前利益受损，但从教育子女的长远利益看，大有好处。

11 余桃啖君

诵读主体

昔者弥子瑕有宠于卫君。卫国之法，窃驾君车者罪刖。弥子瑕母病，人间往夜告弥子，弥子矫驾君车以出，君闻而贤之曰："孝哉，为母之故，忘其犯刖罪。"异日，与君游于果园，食桃而甘，不尽，以其半啖君。君曰："爱我哉，忘其口味，以啖寡人。"及弥子色衰爱弛，得罪于君。君曰："是固尝矫驾吾车，又尝啖我以余桃。"故弥子之行未变于初也，而以前之所以见贤而后获罪者，爱憎之变也。

知人论世

本文选自《韩非子·说难》。《韩非子·说难》是《韩非子》55篇中最重要的作品之一。说，游说的意思；难，困难；说难，即游说的困难。韩非子认为，游说的真正困难在于所要游说的对象（君主）的主观好恶，即"知所说之心"，指出为了游说的成功，一是要研究君主对于宣传游说的种种逆反心理，二是要注意仰承君主的爱憎厚薄，三是断不可撄君主的"逆鳞"。

《韩非子》书中记载了大量脍炙人口的寓言，如《自相矛盾》《守株待兔》《讳疾忌医》《滥竽充数》《老马识途》等。这些生动的寓言，蕴含着深隽的哲理，凭着它们的思想性和艺术性的完美结合，给人们以智慧的启迪，具有较高的文学价值。

阅读鉴赏

译文：

卫国有个叫弥子瑕的大臣，很受卫王宠信。一天深夜，弥子瑕乡下的亲戚跑来告诉他，说他的母亲病危，叫他回去一趟。情急之下，弥子瑕偷来了卫王的马车，连夜赶回了乡下。第二天，群臣知道这件事后，都以为弥子瑕的双脚一定保不住了。不料，卫王得知此事后，不但没有生气，反而称赞弥子瑕："真是孝子啊！为了母亲，他竟然不在乎自己会被砍脚。"最终，卫王没有治他的罪。又有一次，弥子瑕和一些大臣陪卫王到果园散步。园子里的桃树上结满了又大又红的桃子。弥子瑕想摘个桃子献给卫王，就爬上桃树摘了一个最大的。谁知，他摘下桃子，自己先咬了几口后，才把桃子送给卫王。大臣们以为弥子瑕把吃剩的桃子给卫王，一定会惹得卫王大发雷霆。可卫王却高兴地接过桃子，津津有味地吃了起来，还称赞道："弥子瑕真是一心为我啊，自己先尝过桃子甜不甜，才给我吃。"几年后，弥子瑕失宠于卫王了。一次，弥子瑕不小心得罪了卫王。卫王勃然大怒，翻出陈年旧账，说："当初你偷驾我的马车，目中无人；又让我吃你的剩桃，借此侮辱我，该当何罪？"弥子瑕的行为并没有改变，以前被认为是贤惠，后来却因此而获罪，原因只在于卫王以年龄和相貌作为宠人、厌人的根据，从而对弥子瑕所做的同样的事情表现了前后截然相反的态度。

这个典故，原意是指对某人的评价建立在捉摸不定的心理喜好上，喜欢他便把他的事按好的解，不喜欢便按坏的解。后来，"余桃啖君"成了常用的典故，比喻对同一人或事的评价，随着评价者所处的情况变化而变化。

思考寄语

人总是倾向于以自我为中心的思维模式，并在此基础上采取行动，最终导致自身变得骄傲自大，丧失谦虚之心，乃至对他人生起忌妒与仇视之念。故事中的君王则完全以个人好恶来判断是非，没有从实际出发，而是从主观出发，肯定会祸国殃民。人与人之间的相处，也是相同的道理。

12 客　至

诵读主体

舍南舍北皆春水，
但见群鸥日日来。
花径不曾缘客扫，
蓬门今始为君开。
盘飧市远无兼味，
樽酒家贫只旧醅。
肯与邻翁相对饮，
隔篱呼取尽余杯。

知人论世

杜甫（712—770），字子美，自号少陵野老，世称“杜工部”“杜少陵”等，河南府巩县（今河南巩义）人，唐代伟大的现实主义诗人，被世人尊为“诗圣”，其诗被称为“诗史”。为了跟另外两位诗人李商隐与杜牧（“小李杜”）区别开来，杜甫与李白合称“大李杜”。他忧国忧民，人格高尚，1400余首诗被保留了下来，在中国古典诗歌中备受推崇，影响深远。759年至766年曾居成都，后世有杜甫草堂博物馆。此诗是上元二年（761）春天，杜甫50岁时在成都草堂所作。杜甫在历尽颠沛流离之后，终于结束了长期漂泊的生涯，在成都西郊浣花溪头盖了一座草堂，暂时定居下来。安居成都草堂后不久，客人来访时作了这首诗。

阅读鉴赏

此诗首联先从户外的景色着笔，点明客人来访的时间、地点和来访前夕作者的心境。“舍南舍北皆春水”，把绿水缭绕、春意荡漾的环境表现得十分秀丽可爱。这就是临江近水的成都草堂。“皆”字暗示出春江水势涨溢的情景，给人以江波浩渺、茫茫一片之感。群鸥，在古人笔下常常做水边隐士的伴侣，它们

“日日”到来，点出环境清幽僻静，为作者的生活增添了隐逸的色彩。“但见”，含弦外之音，群鸥固然可爱，而不见其他来访者，也是过于单调。作者就这样寓情于景，表现了他在闲逸的江村中的寂寞心情。这就为贯穿全诗的喜客心情，巧妙地作了铺垫。

颔联把笔触转向庭院，引出“客至”。作者采用与客谈话的口吻，增强了宾主接谈的生活实感。上句说，长满花草的庭院小路，还没有因为迎客打扫过。下句说，一向紧闭的家门，今天才第一次为你崔明府打开。寂寞之中，佳客临门，一向闲适恬淡的主人不由得喜出望外。这两句，前后映衬，情韵深厚。前句不仅说客不常来，还有主人不轻易延客意，今日“君”来，益见两人交情之深厚，使后面的酣畅欢快有了着落。后句的“今始为”又使前句之意显得更为超脱，补足了首联两句。

以上虚写客至，下面转入实写待客。作者舍弃了其他情节，专拈出最能显示宾主情分的生活场景，重笔浓墨，着意描画。“盘飧市远无兼味，樽酒家贫只旧醅”，仿佛看到作者迎客就餐、频频劝饮的情景，听到作者抱歉酒菜欠丰盛的话语：远离街市买东西真不方便，菜肴很简单，买不起高贵的酒，只好用家酿的陈酒，请随便享用吧！家常话语听来十分亲切，很容易从中感受到主人竭诚尽意的盛情和力不从心的歉意，也可以体会到主客之间真诚相待的深厚情谊。字里行间充满了款曲相通的融洽气氛。

“客至”之情到此似已写足，如果再从正面描写欢悦的场面，显然露而无味，然而诗人却巧妙地以“肯与邻翁相对饮，隔篱呼取尽余杯”作结，把席间的气氛推向更热烈的高潮。诗人高声呼喊着，请邻翁共饮作陪。这一细节描写，细腻逼真。可以想见，两位挚友真是越喝酒意越浓，越喝兴致越高，兴奋、欢快，气氛相当热烈。就写法而言，结尾两句真可谓峰回路转，别开境界。

思考寄语

有朋自远方来，不亦乐乎？你走，我不送你；你来，无论多大的风雨，我都要去接你。一辈子这么长，总是会遇到不同的人，有些人终究要兜兜转转才能遇见那个对的人。毕竟在人生这条路上，我们都在经历着不同的旅行，错过了风景不可怕，可怕的是你没有看到更多的风景。

13 临安春雨初霁

诵读主体

世味年来薄似纱，谁令骑马客京华？
小楼一夜听春雨，深巷明朝卖杏花。
矮纸斜行闲作草，晴窗细乳戏分茶。
素衣莫起风尘叹，犹及清明可到家。

知人论世

陆游（1125—1210），字务观，号放翁，汉族，越州山阴（今浙江绍兴）人，尚书右丞陆佃之孙，南宋文学家、史学家、爱国诗人。陆游生逢北宋灭亡之际，少年时即深受家庭爱国思想的熏陶。宋高宗时，参加礼部考试，因受宰臣秦桧排斥而仕途不畅。宋孝宗即位后，赐进士出身，历任福州宁德县主簿、敕令所删定官、隆兴府通判等职，因坚持抗金，屡遭主和派排斥。乾道七年（1171），应四川宣抚使王炎之邀，投身军旅，任职于南郑幕府。次年，幕府解散，陆游奉诏入蜀，与四川制置使范成大相知。宋光宗继位后，升为礼部郎中兼实录院检讨官，不久即因"嘲咏风月"罢官归居故里。嘉泰二年（1202），宋宁宗诏陆游入京，主持编修孝宗、光宗《两朝实录》和《三朝史》，官至宝章阁待制。书成后，陆游长期蛰居山阴，嘉定二年与世长辞，留绝笔《示儿》。

陆游写下这首《临安春雨初霁》时已62岁，在家乡山阴赋闲了5年。诗人少年时的意气风发与壮年时的裘马轻狂，都随着岁月的流逝一去不返了。虽然他光复中原的壮志未衰，但对偏安一隅的南宋小朝廷的软弱与黑暗，是日益见得明白了。

阅读鉴赏

译文：

近年来做官的兴味淡淡的像一层薄纱，谁又让我乘马来到京都做客沾染繁华？住在小楼听尽了一夜的春雨，清晨听到小巷深处杏花的叫卖声。铺开小纸从容地斜写行行草草，字字有章法，晴日窗前细细地煮水、沏茶、撇沫，试着品茗茶。呵，不要叹息那京都的尘土会弄脏洁白的衣衫，清明时节还来得及回到镜湖边的山阴故家。

首联开口就言“世味”之“薄”，并惊问“谁令骑马客京华”。陆游时年已62岁，不仅长期宦海沉浮，而且壮志未酬，又兼个人生活的种种不幸，这位命途坎坷的老人发出悲叹，说出对世态炎凉的内心感受。

颔联点出“诗眼”，语言清新隽永。诗人只身住在小楼上，彻夜听着春雨的淅沥。次日清晨，深幽的小巷中传来了叫卖杏花的声音，告诉人们春已深了。绵绵的春雨，由诗人的听觉中写出；而淡淡的春光，则在卖花声里透出，写得形象而生动。

颈联在这明艳的春光中，诗人能做的只是“闲作草”“戏分茶”，无事而作草书，晴窗下品茗茶，表面上看是极闲适恬静的境界，却藏着诗人无限的感慨与牢骚。一生出入战场戎马生涯，时刻想着报国和爱民的陆游，竟也“闲”而又“戏”了。在诗人眼里，临安春色，何其清淡寡味，人情何其冷漠，世味何其索薄，壮志更是无从谈起，只有在“闲”和“戏”中打发时光。

尾联不仅道出了羁旅风霜之苦，又寓有京中恶浊，久居为其所化的意思。诗人声称清明不远，应早日回家，而不愿在所谓“人间天堂”的江南临安久留。诗人应诏入京，却只匆匆一过，便拂袖而去。

《临安春雨初霁》没有豪唱，也没有悲鸣，没有愤愤之情，也没有盈盈酸泪，有的只是结肠难解的郁闷和淡淡然的一声轻叹，“别是一番滋味在心头”。

思考寄语

一个诗人的性格是复杂的，一个始终刚强不屈、矢志不渝的烈士，也难免间或惆怅抑郁。这种抑郁惆怅与其雄奇悲壮并不矛盾。唯其抑郁惆怅得苦不堪言，才有更强烈的情怀的喷发。透过原诗的表面，依稀仍可看见一个威武不屈的形象，这个形象才是作者真正的、一贯的自己。陆游为了祖国的统一而歌唱的战斗精神，以及终生不渝的爱国主义情怀，不仅对那个时代，而且对整个中华民族都产生了深远的影响，永远教育激励着后人。

14 颜氏家训·慕贤（节选）

诵读主体

人在少年，神情未定，所与款狎，熏渍陶染，言笑举动，无心于学，潜移暗化，自然似之；何况操履艺能，较明易习者也？是以与善人居，如入芝兰之室，久而自芳也；与恶人居，如入鲍鱼之肆，久而自臭也。墨子悲于染丝，是之谓矣。君子必慎交游焉。

知人论世

《颜氏家训》是南北朝时期颜之推创作的家训。

颜之推（531—约597），字介，生于江陵（今湖北江陵），祖籍琅玡临沂（今山东临沂），中国古代文学家、教育家。颜之推年少时因不喜虚谈而自己研习《仪礼》《左传》，由于博览群书且为文辞情并茂而得到南朝梁湘东王萧绎赏识，十九岁便被任为国左常侍；后于侯景之乱险遭杀害，得王则相救而幸免于难，乱平后奉命校书；在西魏攻陷江陵时被俘，遣送西魏，受李显庆赏识而得以到弘农掌管李远的书翰；得知陈霸先废梁敬帝而自立后留居北齐并再次出仕，历二十年，官至黄门侍郎；北齐灭后被北周征为御史上士，北周被取代后仕隋，于开皇年间被召为学士，后约于开皇十七年（597）因病去世。

学术上，颜之推博学多识，一生著述甚丰，所著书大多已亡佚，今存《颜氏家训》和《还冤志》两书，《急就章注》《证俗音字》和《集灵记》有辑本。

阅读鉴赏

译文：

人在年少时候，精神意态还未定形，和人家交往亲密，受到熏渍陶染，人家的一言一笑、一举一动，即使无心去学习，也会潜移默化，自然相似，何况人家的操行技能，是更为明显易于学习的东西呢！所以，和好人住在一起，就像进了开满兰花的房间，久而久之自己也满身芳香。和恶人住在一起，就像进了卖臭鱼的商店，久而久之自己也满身臭气了。墨子看到染丝的情况，感叹染丝在什么颜色里就会变成什么颜色。所以，君子与人交往一定要慎重。

中华文化是一个家国同构的文化，家是小国，国是大家。在这种文化大背景下，家训显得尤为重要。一个家族也好，一个民族也好，都有一个继往开来的发展过程，知道从哪里来，才会知道往哪里去。我们每个人身上都流淌着祖先的血脉，祖先的思想、文化、精神值得我们去探究、思考和传承。中华文明能够一直延续至今，没有断层，很重要的一个原因就是内在的传承性，这种思想精华、文化脉络薪火相传的精神从《颜氏家训》中可以明显看出来。个人成长的周边环境是能够改变一个人的爱好与习惯的，尤其孩子在接受教育的时候更加重要。我们经常说“害群之马”，哪怕一个个体的不当行为都会影响一个环境，更何况环境对人的改变呢？“近朱者赤，近墨者黑”说的也是这个道理。圣贤难遇，我们一定要在交友时谨慎。

作为传统社会的典范教材，《颜氏家训》开后世“家训”之先河，是我国古代家庭教育理论宝库中的一份珍贵遗产。颜之推并无赫赫之功，也未列显官之位，却因一部《颜氏家训》而享千秋盛名，由此可见其家训的影响深远。被陈振孙誉为“古今家训之祖”的《颜氏家训》，是中国文化史上的一部重要典籍。

思考寄语

同学们，记住“与君子交友，犹如身披月光；与小人交友，犹如身近毒蛇”，“近朱者赤，近墨者黑”我们要多与“赤者”交往，拒绝“墨者”的无理、违背原则的要求。这样才会使你在人生的道路上步步高升！多和充满正能量的人交往，你就会变得乐观开朗，就会积极向上，心胸开阔，不计较，坚强独立，不软弱，心态平和，不抱怨，能把烦恼看淡，失去的都能释怀。

15 小石城山记

诵读主体

自西山道口径北，逾黄茅岭而下，有二道：其一西出，寻之无所得；其一少北而东，不过四十丈，土断而川分，有积石横当其垠。其上为睥睨、梁欐之形，其旁出堡坞，有若门焉。窥之正黑，投以小石，洞然有水声，其响之激越，良久乃已。环之可上，望甚远，无土壤而生嘉树美箭，益奇而坚，其疏数偃仰，类智者所施设也。

噫！吾疑造物者之有无久矣。及是，愈以为诚有。又怪其不为之中州，而列是夷狄，更千百年不得一售其伎，是故劳而无用。神者傥不宜如是，则其果无乎？或曰：以慰夫贤而辱于此者。或曰：其气之灵，不为伟人，而独为是物，故楚之南少人而多石。是二者，余未信之。

知人论世

柳宗元（773—819），字子厚，汉族，河东（今山西运城永济一带）人，唐宋八大家之一，唐代文学家、哲学家、散文家和思想家，世称“柳河东”“河东先生”，因官终柳州刺史，又称“柳柳州”。

柳宗元出身河东柳氏。与韩愈并称“韩柳”，与刘禹锡并称“刘柳”，与王维、孟浩然、韦应物并称“王孟韦柳”。柳宗元一生留诗文作品达600余篇，其文的成就大于诗。骈文有近百篇，散文论说性强，笔锋犀利，讽刺辛辣。游记写景状物，多所寄托，有《河东先生集》，代表作有《溪居》《江雪》《渔翁》。柳宗元遗族所建柳氏民居，现位于山西晋城市沁水县文兴村，为国家4A级景区。

阅读鉴赏

这篇散文共计221个字，可谓短小精悍，字字珠玑，描写景物和寓含情感却恰到好处，真是一字不可增添，一字不可删减。这篇游记以作者的游踪为线索，记叙了亲身经历的旅途见闻和山川景物，几乎用了一半篇幅抒发了他贬逐永州后游历自然时触景生情的感慨，这自然构成了文章的写景和议论两段。

第一段写景。可分两层，先是指明小石城山的方位，继而描述小石城山的奇貌。第二层是作者由自然景观带来的联想和思索。作者在这一段里，本意是通过像小石城山这样美好的自然景观却埋没于荒僻之乡，引发对美的事物被压抑、遭遗弃的郁愤之情，并借以抒发贤才遭贬逐的天涯沦落之感，然而不直抒胸臆。最后用“余未信之”作结，不仅可看作对造物者的否定，更流露了柳宗元渴求摆脱现状以施展才能的希望。最后一段议论，从字面上看，是由小石城山的景物所发，实际上它抒发了作者被贬永州后内心深处的真实想法。把它们放在永州八记的最后一篇结尾，是作者的精心安排。它表明柳宗元在永州虽然似乎整天游山玩水，饮酒寻乐，实际上内心却充满了矛盾和痛苦；他寄情山水之间，仍在探求真理和正义，这议论是“永州八记”的主旨之所在。

在永州的十年，是柳宗元生平最为困厄，最为艰难，心情也最为孤独寂寞郁闷的十年，但正所谓“祸兮福所倚，福兮祸所伏”，这十年，造就了一个古文大家的绝世风范，柳宗元的文学才华得到了强烈的激发，取得了一生中最光辉、最杰出的成就。

思考寄语

人生的道路漫长，总会经历高峰、低谷等不同的阶段，不能因为一段时间的困境就否定整个人生。其实，没有人知道下一刻生活会变成什么样子，努力认真并热爱生活，一切都会变得更好。身处低谷，仍要仰望星空。

16 颜氏家训·勉学（节选）

诵读主体

人生在世，会当有业，农民则计量耕稼，商贾则讨论货贿，工巧则致精器用，伎艺则沉思法术，武夫则惯习弓马，文士则讲议经书。

【大意】一个人在社会上必定要有自己安身立命的事业，无论是做哪个行当，都要身体力行认真敬业。做一个农民，要认真测量计算与耕种有关的事项；做一个商人，需要把金玉布帛的行情了解透彻，知道买方需求，了解卖方供应；做一个工匠，应该有过硬的手艺，把器具做得精致美观；做一个艺人，要认真练好自己的演技水平，认真思考揣摩一招一式；做一个武士或者文人，也要精练武艺和苦读经书。

人生小幼，精神专利，长成已后，思虑散逸，固须早教，勿失机也。

【大意】人在幼年的时候，注意力高，容易专心，长大成人就不这样了，精神涣散，难以专心，所以需要在幼年时对人进行教育，千万不要错过这个大好时机。

幼而学者，如日出之光；老而学者，如秉烛夜行，犹贤乎瞑目而无见者也。

【大意】从小就学习的人，就好像迎着太阳的光芒走路；到老年才开始学习的人，就好像手持蜡烛在夜间行走，但总比闭着眼睛什么都看不见的人强。

观天下书未遍，不得妄下雌黄。

【大意】雌黄：一种矿物，可做颜料或褪色剂。古人抄书、校书常用雌黄涂改文字，因此称乱改文字、乱发议论为“妄下雌黄”。即没有读遍天下书，不能随便校改别人文章。

知人论世

颜之推（531—约595），字介，汉族，琅玡临沂（今山东临沂）人。中国古代文学家，生活年代在南北朝至隋朝期间。548年，爆发侯景之乱，梁元帝萧绎在江陵自立，颜之推任散骑侍郎。554年，西魏攻陷了江陵，颜之推被俘，后来在北齐任官。此后在北周和隋朝任职。于隋文帝灭陈国以后，隋炀帝即位之前（约公元6世纪末），他结合自己的人生经历、处世哲学，写成《颜氏家训》一书用以告诫子孙。

《颜氏家训》共7卷，20篇，享有“古今家训，以此为祖”的美誉，对后世有重要影响，特别是宋代以后，影响更大。宋代朱熹之《小学》，清代陈宏谋之《养正遗规》，都曾取材于《颜氏家训》。不唯朱陈二人，唐代以后出现的数十种家训，莫不直接或间接地受到《颜氏家训》的影响。

“勉学”为《颜氏家训》第八篇的篇名，“勉”即为努力，“学”就是学习，连起来就是努力学习。颜之推认为学习的目的是修身养性，修身立行。学习态度则要讲究年幼不失良机，年老不放弃学习。

阅读鉴赏

在颜之推看来，自己的后人们无论做什么都可以，只要在自己选择的行业里认真钻研即可。他没有看不起武夫也没有看不起农民，没有刻意要求子孙后代必须识文断字。这不仅是对年轻人的劝勉，也是给家长们一个启示：儿孙自有儿孙福，无论儿孙从事什么工作，认真去做就行了。

在孩子年幼之时，因为好奇万事万物，非常渴求真理，学习欲望急切，精神专注，所以教育应当趁早，但如果错失最佳时机，仍能努力发奋，依然精神可嘉。

要有严谨的治学态度和科学的求实精神。比如校改文章或品评前人著作，一定要有一个坚实的前提——遍观天下之书，要具有相当高的鉴别能力与分析能力，否则便有妄下雌黄之嫌。

思考寄语

勤学要趁早！坚持不懈地积累，就不会有“书到用时方恨少”的尴尬。修养身心，勤学不辍，当机遇降临，自会成为那个“幸运者”！

17 《孟子》一则（节选）

诵读主体

（公孙丑问曰：）“敢问何谓浩然之气？”

（孟子）曰：“难言也。其为气也，至大至刚，以直养而无害，则塞于天地之间。其为气也，配义与道；无是，馁也。是集义所生者，非义袭而取之也。行有不慊于心，则馁矣。我故曰，告子未尝知义，以其外之也。必有事焉而勿正，心勿忘，勿助长也。”

知人论世

孟子，名轲，字子舆（约前372—前289），邹国（今山东邹城东南）人。战国时期哲学家、思想家、政治家、教育家，是孔子之后、荀子之前的儒家学派的代表人物，与孔子并称“孔孟”。

孟子宣扬“仁政”，最早提出“民贵君轻”思想，被韩愈列为先秦儒家继承孔子“道统”的人物，元朝追封他为“亚圣”。

《孟子》是儒家典籍中的一部，是孟子和他的弟子记录并整理而成的。《孟子》在儒家典籍中占有很重要的地位，为“四书”之一。全书共七篇，记录了孟子与其他各家思想的争辩、对弟子的言传身教、游说诸侯等内容，由孟子及其弟子（万章等）共同编撰而成。《孟子》记录了孟子的治国思想、政治策略（仁政、王霸之辩、民本、格君心之非、民为贵社稷次之君为轻）和政治行动，成书大约在战国中期。行文气势磅礴、感情充沛、雄辩滔滔，极富感染力，流传后世，影响深远。

阅读鉴赏

译文：

公孙丑说：请问什么叫浩然之气呢？ 孟子说：这很难用一两句话说清楚。这种气，极端浩大，极端有力量，用坦荡之胸怀去培养它而不加以伤害，就会充满天地之间。不过，这种气必须与仁义道德相配，否则就会缺乏力量。而且，必须有经常性的仁义道德蓄养才能生成，而不是靠偶尔的正义行为就能获取的。一旦你的行为问心有愧，这种气就会缺乏力量了。所以我说，告子不懂得义，因为他：把义看成心外的东西。我们一定要不断地培养义，心中不要忘记，但也不要一厢情愿地去帮助它生长。

可见孟子认为仁义都是出于内心的东西，而告子却认为仁在内、义在外，因此孟子说他不懂这种浩然之气的道理。孟子最后说：这股浩然之气的培养，必须时时进行，不可稍有遗忘，只要心里不曾忘记，让它依循自然的道理自由地生长，千万不要效法宋人的“揠苗助长”，以免“爱之适足以害之”，提早折损伤害它。

思考寄语

浩然之气是由平时积累道义而产生的，一个人只要做事合乎道义，问心无愧，就可以养成这种气，此为“直养”；若行事无道和义，气则萎靡不振，就会丧失气，此为“害”。所以，在现实生活中，我们应当长期坚守自己的良知，在危难面前依然坚守信念。

18 问说（节选）

诵读主体

君子之学必好问。问与学，相辅而行者也。非学无以致疑，非问无以广识；好学而不勤问，非真能好学者也。理明矣，而或不达于事；识其大矣，而或不知其细，舍问，其奚决焉？

知人论世

刘开（1784—1824），字明东，又字方来，号孟涂，清代桐城人，散文家。刘开出生数月丧父，母吴氏日耕夜织，尽心抚育。少时牧牛常倚塾窗外，旁听塾师讲课，天长日久，习以为常，塾师颇为爱怜，留馆就读。刘开如饥似渴，遍读诗文。十四岁，师从桐城派大家姚鼐，为清桐城派代表作家之一。著有《孟涂诗文集》。

桐城派，亦称“桐城古文派”，是我国清代文坛上最大的散文流派。其代表人物方苞、刘大櫆、姚鼐等，皆为安徽桐城人。它以其文统的源远流长、文论的博大精深、著述的丰厚清正风靡全国，享誉海外，在中国古代文学史上占有显赫地位，是中华民族传统文化的一座丰碑。桐城派提倡学习先秦、两汉及唐宋八大家散文，讲究“义法”，主张“义理、考据、词章”三者并重，要求语言雅洁、文以载道，是清代极有影响的散文流派。

阅读鉴赏

本文作者刘开是清代桐城派古文的集大成者姚鼐的弟子，但他的文风与姚鼐不尽相同。他主张：“以汉人之气体，运八家之成法，本之以六经，参之以周末诸子。”因而他的文章明白畅达，气势纵横，如以姚鼐所谓的“阳刚”“阴柔”而论，刘开的文章更近于阳刚的风格。但刘开的思想不脱桐城统绪，论学以宋儒为归，这篇《问说》中也不乏此种倾向。所谓“说”，古代指以言辞说服对方，所以历来将“说”归于“论”体，《文心雕龙》就有《论说》一篇，专门研讨论文和说辞，可见“说”与“论”本来是很相近的。韩愈那篇脍炙人口的《师说》，是一篇论师道的作品，这篇《问说》显然带有韩愈《师说》影响的痕迹，其主旨就在于论“问”的重要。“问”与“学”是相辅相成的，不“学”就不会发现疑问，不“问”就不能增长知识。喜爱学习却不多问，不是真正喜爱学习的人。道理明白了，但或许还不能应用于实际，认识了那些大的（原则、纲领、总体），但是可能还不了解那些细节，（对于这些问题）舍弃而不问，怎么能解决问题呢？选段第一句就将全文的中心道出，“君子之学必好问”，七字简洁明了，但它至少具有两层含义：首先治学者不能少问，其次学与问有着十分密切的关系。首句强调了学与问之间相辅相成的关系：不深入学习就不会发现问题，不通过请教别人也就不能解决疑问，增加知识。

思考寄语

“学海无涯。”面对大千世界，知识的宝山，唯有谦逊好学、不耻下问、甘拜人师、永不满足的精神，才能在人生的漫漫征途中不掉队，才能达到人生的光辉顶点。

19 《论语》三则

诵读主体

子曰：“见贤思齐焉，见不贤而内自省也。”

——《论语·里仁》

子曰：“小子何莫学夫《诗》？《诗》可以兴，可以观，可以群，可以怨。迩之事父，远之事君；多识于鸟兽草木之名。”

——《论语·阳货》

子曰：“君子食无求饱，居无求安，敏于事而慎于言，就有道而正焉，可谓好学也已。”

——《论语·学而》

知人论世

孔子3岁丧父，17岁丧母。当时，鲁国贵族季孙氏请士一级的贵族（士是最低级的贵族）参加宴会。孔子以为自己是已故武士之子，大概也有资格参加，于是就跟着别人走了进去。哪知季孙氏的家臣阳虎，以侮慢的态度呵斥孔子道：“季家宴请的都是士，谁宴请你呢！”孔子只好退了出来。此事使他更加坚定了奋发学习的信心和决心。孔子从小勤学好问，刻苦自学。他学的主要内容是六艺，即礼、乐、射、御、书、数，也就是熟悉并遵循当时流行的礼和乐，掌握射箭的技术，学会驾御马车，学会写字（书），还要具备一定的计算（数）能力。六艺是春秋时期要参与贵族政治而取得一定社会地位的人都必须具备的基本知识、技艺和才能。孔子通过孜孜不倦的学习，熟练掌握并精通了六艺，他的“博学”和“知礼”的名声也渐渐传扬开来。孔子19岁时成亲，新婚第一年，孔子开始担任“委吏”（管理仓廪的小吏），仓库在孔子的管理下账目清晰，出入库的东西不差毫发。季孙氏欣赏孔子的才干，又提升他当了“乘田”（管放牧牛羊的小吏）。春秋时期，喂养牛羊主要是供应祭祀。祭祀属于头等大事，需要肥壮的牛羊来做牺牲献祭。孔子做“乘田”不到一年，饲养场里牛羊成群，膘肥体壮。鲁昭公十年（前532），孔子婚后第二年，儿子出世。国君鲁昭公听说孔子好礼、知礼、讲礼的名声，便给孔子送来了贺礼——鲤鱼。孔子以昭公送鲤为莫大光荣，便给儿子起名叫鲤，字伯鱼。当然，这并没有改变其家庭贫穷的光景，孔子自己曾说过："我少年时候贫贱，所以能够做许多粗活。"凡是扫地、做饭、洗衣、种菜、挑担、推车等家务劳动以及给别人放羊、放牛，甚至当别人家有婚丧喜庆时做吹鼓手之类的事，他都做过，而且做得很熟练。孔子学无常师，善于取法他人，并好学不厌。他曾说过，三个人里面，总有可以做他老师的人。在孔子27岁时，鲁国东南方有一个鲁的附庸小国——郯国的郯子来朝见鲁公。在一次宴会上，鲁国大夫昭子（名叔孙）问起郯子关于少昊氏以鸟名官的情况，郯子作了详细的回答。孔子听到此消息，便马上去拜见郯子，向他请教少昊时代的职官制度。当他初次有机会进入鲁国祭祀周公的太庙时，每件事都认真向人请教。有人见此，议论说："谁说陬邑大夫的儿子懂得礼呢？进入太庙，事事都得问。"这话传到孔子耳中，孔子说，不懂就问，这本身就是合乎礼的行为啊。孔子勤奋好学，自学成才，全面而熟练地掌握了六艺知识，在30岁左右，就已经打下了学业和品德修养上的坚实基础，颇得人们的尊敬。

阅读鉴赏

译文：

孔子说："看见贤人，就应该想着向他看齐，看见不贤的人，就要反省自己有没有类似的错误。"

孔子说："同学们怎么不学诗呢？诗可以激发情志，可以观察社会，可以交往朋友，可以怨刺不平。近可以侍奉父母，远可以侍奉君王，还可以知道不少鸟兽草木的名称。"

孔子说："君子食不追求饱足；居住不追求安逸；对工作勤奋敏捷，说话却谨慎；接近有道德有学问的人并向他学习，纠正自己的缺点，就可以称得上好学了。"

"见贤思齐焉，见不贤而内自省也"的意思是要取他人之长补自己之短，又要以他人的过失为鉴，不重蹈覆辙。"见贤思齐"昭示了榜样的示范作用，"见不贤而内自省"则是说明反面典型的警示作用，"自省"就是自我反思、反省。孔子这句话成为后世儒家修身养德的座右铭，意在告诉我们要向身边优秀的人学习。孔子教授弟子以"六艺"为内容，而"六艺"之首的"诗"，孔子更为重视，他曾多次劝他的弟子去学诗。

第二则讲述的便是学诗的意义及其作用。他认为诗有三个方面的功能：首先，它可以陶冶人的情操，提高人的修养。具体讲便是"兴、观、群、怨"这四个方面。兴，是指诗可以排遣人的情感；观，观历史之得失，培养人审时度势的敏锐观察能力；群，使人心胸开阔，心情舒畅，乐于交友；怨，可以培养人讽刺的本领，学会用健康有效的方式表达不满。其次，诗还具有一定的外在作用。从小方面讲，可以孝顺父母，因为诗陶冶情操，使人情感丰富，能体会父母的恩德，能以仁爱之心去爱父母；从大方面讲，还可以侍奉君主。最后，还可以从诗中学到不少具体的知识，比如关于鸟兽草木的名称之类。

第三则讲的是君子日常言行的基本要求。孔子认为，作为一个君子，不应当过多地讲究自己的饮食与居处，在工作方面应当勤劳敏捷、谨慎小心，而且能经常检讨自己，请有道德的人对自己的言行加以匡正。不去追求物质享受，不贪图安乐，把注意力放在做有意义的事情上面，追求真理，既有勤奋的精神，又有高明的方法，才可以算作热爱学习。这是孔子对学生的教诲，也是孔子一生求学精神的真实写照。

思考寄语

人活着不仅仅为了求得饱暖安逸，还应该有一种对理想的追求精神。有了这样的理想，就不应再沉溺于物质的欲望，要有克制自己的能力，把对物质的追求提升为对真善美的追求，以及精神的独立上来。这样就不会去计较私欲得失，蝇营狗苟，而会敏于事而慎于言，使自己的内心清澄，去接近有道之人来匡正自己。

20 善良是一生的修行

诵读主体

孔子的弟子仲由在集市闲逛时，见一买主与卖主争吵，就走过去瞧瞧。只听卖主说："我一尺鲁缟价三钱，你买八尺，共二十四钱，少一个子也不行。"买主争辩道："明明是三八二十三，你多要一钱是何道理？"仲由觉得有趣，笑着对买主说："三八二十四才对，你错了。"可买主固执己见，要与仲由打赌。仲由也性烈，当即以新买的头盔做赌注，买主也不含糊，居然赌项上人头。二人击掌为誓，然后去找孔子裁决。孔子问明情况后，笑着对仲由说："子路，你错了，快把头盔给人家吧。"买主得意地拿着头盔走了。仲由大惑不解地问："老师，分明是三八二十四，可您为何判他对呢？"孔子说："你输了，头盔还可以再买，若那人输了呢？"仲由恍然大悟。

知人论世

仲由（前542—前480），字子路，又字季路，鲁国卞人。"孔门十哲"之一、"二十四孝"之一、"孔门七十二贤"之一，受儒教祭祀。

仲由少年时，从事各种劳作来维持家庭生活，甚至常吃野菜充饥。拜入孔门之前，据《史记》记载，仲由志气刚强、性格直爽，头戴雄鸡式的帽子耍威风，佩戴着公猪装饰的宝剑显示自己的无敌，曾经瞧不起孔子的学说，屡次冒犯欺负孔子，为此孔子设计出少许礼乐仪式慢慢加以引导。后来，子路穿着儒服，带着拜师的礼物，通过孔子学生的引荐，请求成为孔子的学生，跟随孔子周游列国，做孔子的侍卫。后做卫国大夫孔悝的蒲邑宰，以政事见称，为人伉直，好勇力，任内开挖沟渠，救穷济贫，政绩突出，辖域大治。

周敬王四十年（鲁哀公十五年），卫国内乱，子路临危不惧，冒死冲进卫国国都救援孔悝，混战中被蒯聩击杀，结缨遇难，葬于澶渊（今河南濮阳）。

阅读鉴赏

《增广贤文》有言："但行好事，莫问前程。"意思是说，一个人只管多做善事，做好当下就好，不要去牵挂往后的发展。人生在世，积德行善全凭自己的一颗真心。

用一个头盔换一条性命，这是智者的善良。有时候，我们需要权衡轻重，倘若与原则无关，则不妨退后一步，给人一个台阶下。也许表面上看，你吃了亏，但实际上你的心灵会因此而得到净化。

善良，是一生的修行。有人说，人这辈子最大的财富，是骨子里的修养，植根于内心的善良。福祸无门，唯人自召。一个心地善良的人，也必会被这个世界温柔以待。那什么是善呢？是苏轼的“为鼠常留饭，怜蛾不点灯”，抑或是金庸的“为人切莫用欺心，举头三尺有神明”。善，不是一种学问，而是一种作为。薛侃曾经向王阳明抱怨：“为什么天地之间，恶难铲除，善更难培养呢？”王阳明劝导他：“善恶是相对的。你在除草的时候，草相对花来说就是恶的，因为它阻碍了花的盛开。但是它却在某些程度上又给予了花养分，因此它又是善的。”

以一颗柔软的心看世界，世界便是斑斓的，世界的颜色取决于你本心的颜色。或许有人说，一味的善良就是软弱，“人善被人欺，马善被人骑”。其实，我们主张的善良，是时刻警醒自己“害人之心不可有，防人之心不可无”。

思考寄语

曾子曾说：“人而好善，福虽未至，祸其远矣。”一个经常行善的人，福虽然还没有到来，但与祸的距离却已经很远了。常怀一颗善心，终会收获善果。

21 不满足是向上的车轮

诵读主体

一次，古希腊哲学家芝诺的学生问他："老师，您的知识比我们渊博，您回答的问题又十分正确，可是，您为什么对自己的解答总是有疑问呢？"芝诺用手在桌上画了大小两个圆圈，并说："大圆圈的面积代表我的知识，小圆圈的面积代表你们的知识。我的知识比你们多，但是这两个圆圈的外面，就是你们和我无知的部分。大圆圈的周长比小圆圈的长，因而我接触到的无知的范围比你们多，这就是我为什么常常怀疑自己知识的原因。"

知人论世

芝诺（Zeno，约前490—前425），生于意大利半岛南部的埃利亚，据说因蓄谋反对埃利亚的统治者而被拘捕、拷打，直至处死。他以提出了四个关于运动不可能的悖论而知名。他认为世界上运动变化着的万物是不真实的，唯一真实的东西是其老师巴门尼德所谓的"唯一不动的存在"，所以"存在"是一而不是多，是静而不是动。

阅读鉴赏

我们可以用一个形象的比喻来理解芝诺的回答：当你还小，待在家的时候肯定不会感觉到世界之大，这时你像是一只井底之蛙，但是，当你长大了，因为求学来到了其他省，你就会感觉到中国好大啊！后来，当你出了国，你又会感叹世界真大啊！而知识渊博的天文学家会感叹宇宙真大啊！就是这样，你接触的知识越多，学习的范围越广，你就越会发现自己知道得少。无论是谁，他所掌握的，都只是知识海洋里微乎其微的一小部分。然而在现实中，能够认识到这一点的人却很少。

浅薄的人总以为自己天上地下无所不知，而富有智慧的哲人和有成就的人都会认为学海无涯，知识的海洋是无穷无尽的。伟大的物理学家牛顿也曾有感于此，他说，他只不过是一个在大海边拾到几只贝壳的孩子，而真理的大海他还未曾触碰。

自认为学识丰富的人，由于对自己的盲目自信，大多不容易接受别人的意见。为了避免上述情况发生，随着知识含量的增加，你必须更加谦虚。即使谈到自己认为很有把握的事，也要以谦和的态度阐明自己的观点，在陈述自己的意见时，切勿太武断。若想说服别人，就先仔细倾听对方的意见，如果你在某一方面没有真才实学，那么，最好的方式就是不要故意卖弄学问，用和周围的人同样的方式说话。不要刻意去修饰措辞，只要纯粹地表达内容即可。绝对不可让自己显得有多么了不起，或比周围的人更有学问。因为周围那些说自己无知的人，很可能就是知识渊博的学者，在他们面前卖弄学问只会自取其辱。

思考寄语

庄子说："吾生也有涯，而知也无涯。"知识的海洋是浩瀚无际的，而人们已知的部分总是极为有限的。这正像圆圈内部与外部的关系一样，知识越渊博，所接触的未知面就越广泛，疑问也就越多。反之，知识越贫乏，接触的未知面就越狭窄，疑问自然也越少。认识到这一点，要时刻提醒自己把有限的生命投入无限的学习中去。

22 借人风，扬己帆

诵读主体

翻开《旧唐书·太宗本纪》，可以看到上面记载着唐太宗对隋文帝的一段评论，颇为经典：此人秉性极为精细，可是头脑并不明智。头脑昏暗则思考问题阻塞不通，过分的精细则会对事情多有怀疑，所以他以为天下人都不可信，凡事都亲自决断，劳心费力，还不能把事情办得全都合理。大臣们知道了皇上的心意，也不敢再直言。天下如此广大，事务如此繁多，怎能由一个人独自决断呢？

知人论世

唐太宗即李世民（598—649），陇西人。唐朝第二位皇帝（626—649年在位），政治家、战略家、军事家、诗人。

李世民少年从军，曾前往雁门关解救隋炀帝。首倡晋阳起兵，拜右领军大都督，受封敦煌郡公，领兵攻破长安，拜尚书令、光禄大夫，受封秦国公、赵国公。唐朝建立后，领兵平定薛仁杲、刘武周、窦建德、王世充、刘黑闼等割据势力，为唐朝的建立与统一立下赫赫战功，拜天策上将，封秦王。武德九年六月初四日（626年7月2日），发动“玄武门之变”，杀死太子李建成和齐王李元吉，被册立为皇太子。八月初九日，唐高祖李渊退位，李世民即皇帝位，年号贞观。在位初期，李世民听取群臣意见，虚心纳谏，对内文治天下，厉行节约，劝课农桑，实现休养生息、国泰民安，开创“贞观之治”；对外开疆拓土，攻灭东突厥与薛延陀，征服高昌、龟兹和吐谷浑，重创高句丽；设立安西四镇，与北方地区各民族融洽相处，获得尊号“天可汗”，为唐朝后来一百多年的盛世局面奠定重要基础。

阅读鉴赏

唐太宗治国的高明之处就在于，他能够清醒地认识前人的谬误，而采取“选天下之才，为天下之务”的用人治国之道。由此可见，在那时候唐太宗就已经深深体会到，要想成就大业，仅靠自己“孤军奋战”是行不通的，还须懂得借助别人的力量。

“借人风，扬己帆”，就是办事时并不是都得自己“上阵”，而是借用外力即别人的能力或优势行事，从而达到“好风凭借力，送我上青云”的目的。一个人要想在事业上获得成功，除了靠自己的努力外，还需要借助他人的力量。一个人的力量总是有限的，借别人的力量是一项重要的技能。古今中外，每个在事业上取得成功的人，都具有这项能力，那就是懂得“用人”，而这里所说的“用人”，是指借助别人的力量成就事业。

在历史的长河中，两千多年前的汉高祖刘邦就是水平颇高的“借力智者”。刘邦从一个小亭长起家，最终成为万人之上的皇帝，最重要的原因就是他借用了无数高人的能量。更准确地说，刘邦的高明之处就在于，他善于借别人之力实现自己的理想。

刘邦与项羽之间争斗的故事流传已久。项羽因战起家，骁勇异常，最终却没有赢得江山；与此相反，刘邦不善征战，最后却一统天下，这都是因为他的“独门法宝”：“夫运筹帷幄之中，决胜千里之外，吾不如子房；镇国家，抚百姓，给馈饷，吾不如萧何；连百万之军，战必胜，攻必取，吾不如韩信。此三杰，皆人杰也，吾能用之，此吾所以取天下也。项羽有一范增而不能用，此其所以为我擒也。”的确，项羽所拥有的，也就只有自己的勇猛，他不善于借助外界的资源（力量）。刘邦了解自己之短和他人之长，能充分利用所有资源（力量），最终建立了大汉帝业，这正是善战者之所为，也正是刘邦的老到之所在。

思考寄语

古人云，智者当借力而行；今人说，借力而行当为智者。荀子说：君子善假于物。

这就是说要善于发现别人的优势和长处，取人所长，补己之短。借助他人的力量并不是一件不光彩的事，相反，学会“借他人之风，扬自己之帆”，这是一种做人的智慧，更是我们在这一个风雨兼程的人生过程中所应该要懂得并切实运用的学问。

23 试着把自己看轻

诵读主体

20世纪美国著名的小说家和剧作家布思·塔金顿，有一次应邀参加红十字会举办的艺术家作品展览会。会上，一个小女孩让布思·塔金顿签名，布思·塔金顿欣然地接受了。他想，自己这么有名，小女孩肯定会喜欢他的签名。但当小女孩看到他签的名字不是自己崇拜的明星的时候，小女孩当场就把布思·塔金顿的留言和名字擦得一干二净。布思·塔金顿当时很受打击，那一刻，他所有的自负和骄傲瞬间化为泡影。从此以后，他开始时时刻刻告诫自己：无论自己多么出色，都别太把自己当回事！

知人论世

布思·塔金顿(1869—1946),美国小说家和剧作家,一生共创作小说50多部,剧本25部(11部与他人合作完成),风格以讽刺和幽默见长。塔金顿是20世纪初美国最受欢迎的小说家之一,小说《了不起的安德森家族》和《艾丽丝·亚当斯》曾获得普利策小说奖。

塔金顿还是一位卓有成就的儿童文学作家。1914年,他出版了脍炙人口的儿童小说《男孩彭罗德的烦恼》,曾轰动一时,人们甚至将这部作品与马克·吐温的《汤姆·索亚历险记》相提并论。随后,他又出版了该书的续篇《彭罗德和萨姆》。这两部作品与其后来创作的《十七岁》以及《温柔的朱莉娅》均备受少年读者的青睐,成为20世纪初美国儿童文学作品中难得的经典名著。

阅读鉴赏

在现实生活中,有些人习惯以自我为中心,总把自己看得太重,而偏偏又把别人看得太轻。总以为自己博学多才,满腹经纶,一心想干大事、创大业;总以为别人这也不行,那也不行,唯独自己最行。一旦失败,就会牢骚满腹,觉得自己怀才不遇。自认怀才不遇的人,往往看不到别人的优秀;愤世嫉俗的人,往往看不到世界的精彩。

把自己看得太重的人,心理容易失衡。看轻自己,是一种风度、一种境界、一种修养。把自己看轻,需要淡泊的志向、旷达的胸怀、冷静的思考。

善于把自己看轻的人,总把自己看成普通的人,处处尊重别人。他们总觉得群众是最好的老师,自己始终是个小学生,即使自己贡献最大,也不居功自傲,为人谦虚和蔼。

把自己看轻,是光明磊落的心灵折射,是无私心灵的反映,是正直、坦诚心灵的流露。看轻自己,绝不是去鄙视自己,绝不是去压抑自己,绝不是去埋没自己,绝不是要你去说违心的话,绝不是要你去做违心的事,也绝不是要你去理不愿理的烦恼。相反,它能使你更加清醒地认识自己、对待自己,不以物喜、不以己悲。

思考寄语

大科学家牛顿是这样看待自己的成就的：我只像海滩边玩耍的男孩，偶然间发现了一粒比较圆的石头，和一粒比较漂亮的贝壳，但是在我前面，尚未被发现的石头、贝壳仍然多如大海。牛顿把自己的成功归为幸运，归于“站在巨人的肩膀上”。

看轻自己，不沾沾自喜于已有的成就，放空自己，才能身无羁绊，飞得更高更远，从优秀走向卓越。看轻自己，才能听到内心的声音，不为外界所左右，集中精力，做好自己，最终成为熠熠生辉的焦点。

24 益者三友，损者三友

诵读主体

子曰：“益者三友，损者三友。友直，友谅，友多闻，益矣。友便辟，友善柔，友便佞，损矣。”

知人论世

孔子的核心思想就是一个字：“仁。”他的学生樊迟曾经问过老师，什么是“仁”，老师只回答了两个字，叫“爱人”，真正爱他人就是“仁”；学生又问，什么叫“智慧”，老师又回答了两个字，叫作“知人”，了解他人就是“智慧”。所以，我们怎样能够交到好朋友？需要有仁、有智。我们心中要对他人有爱，有交朋友的意愿，也要有辨别他人的能力，这是一种交友智慧。

阅读鉴赏

译文：

孔子说：“有益的朋友有三种，有害的朋友有三种。与正直的人交朋友，与诚信的人交朋友，与知识广博的人交朋友，是有益的。与谄媚逢迎的人交朋友，与表面奉承而背后诽谤人的人交朋友，与善于花言巧语的人交朋友，是有害的。”

先说三种好朋友，所谓益者三友就是友直、友谅、友多闻。也就是第一，这个朋友为人要正直、坦荡、刚正不阿，一个人不能有谄媚之色，要有一种朗朗人格，在这个世界上顶天立地，这是一种好朋友。因为他的人格可以影响你的人格，他可以在你怯懦的时候给你勇气；他可以在你犹豫不前的时候让你果断。第二种是友谅，也就是宽容的朋友。宽容是这个世界上最深沉的美德之一。我们会发现，当我们不小心犯了过错或者对他人造成伤害时，过分的苛责和批评，不如宽容来得恒久。宽容的朋友不会使我们堕落或者更多地放纵自己，反而会让我们从他人的内心包容上找到自己的弊病，找到自己的缺失。第三种叫作友多闻，当你感到犹豫、彷徨踌躇的时候，到朋友那里以他的广见博识为你做一个参考，来帮助自己做出选择。所以结交一个多闻的朋友就像翻开了一本辞典一样，我们总能从他人的经验里面得到自己的借鉴。所以，这就是孔夫子所说的三种好朋友，友直、友谅、友多闻。

损者三友是三种什么人呢？首先是友便辟，就是性情暴躁的朋友。社会上青少年犯罪有好多都是打群架，遇到这种暴躁的朋友，他可以把一群朋友心中的一种义愤点燃，而这个义愤往往是一种盲目的义气。坏朋友为什么把便辟这种情绪暴躁作为第一位呢？因为盲目的激情有可能会出现永远无法挽回的后果。好朋友之间应该以理性为先，告诉他怎样过上一种没有危险的生活。第二种叫作友善柔，这个正好反着，是脾气特别优柔寡断的朋友。我们发现，过分优柔寡断其实是他在浪费你的生命能源。这个世界上机遇就是这样，它迎面走来的时候你永远心存疑虑，但是等它要走的时候你永远也抓它不着，善柔的朋友往往耽误了你身边的机遇。我们发现在这个世界上有很多事情不在于你做与不做，而在于你什么时间做是有用的。其实生活中有很多事情是有保质期的，我们这一生要做的事情有很多，不要让过分优柔寡断的朋友干扰了你的思维，这种朋友太多，也是一种危害。至于第三种，所谓友便佞，这是最坏的一种朋友。大家都知道佞臣之说，佞，就是那种心怀鬼胎的，有心计的，常常不择手段去谋取个人利益的小人。他们是真正的小人，是那种心理阴暗的人，但是这种人往往会打扮出一副善良的面孔。由于他内心有所企图，所以他对人的热情比那些没有企图的人可能要高，如果一不小心被这种人利用，那么你的一生就套上了枷锁，如果不付出惨痛的代价，这个朋友是不会放过你的。这其实是在考验我们自己的眼光和知人论世的能力。

思考寄语

物以类聚，人以群分。修身修心，明目识人。从你的朋友身上可以照见自己的影子，朋友也像是我们自己的一面镜子，什么样的人就会交到什么样的朋友。所以首先我们自己得先成为一个正直、诚信、热爱生活与学习的人，才能结交到益友，而交到好朋友等于给自己打开了一个最友善的世界。

25 吾日三省吾身

诵读主体

曾子曰："吾日三省吾身：为人谋而不忠乎？与朋友交而不信乎？传不习乎？"

知人论世

曾子（前505—前436），姒姓，曾氏，名参，字子舆，鲁国南武城（现山东嘉祥，一说山东平邑）人，是被灭亡了的鄫国贵族的后代。曾参是孔子的得意门生，以孝出名。内容出自《论语·学而》。《论语》是儒家学派的经典著作之一，由孔子的弟子及其再传弟子编撰而成，并非孔子亲自编写，记录了孔子及其弟子言行，集中体现了孔子的政治主张、伦理思想、道德观念及教育原则等，与《大学》《中庸》《孟子》并称"四书"。

阅读鉴赏

译文：

曾子说："我每天都要作多次自我检讨：为人出谋献计做到忠贞不贰了吗？与朋友交往做到诚信了吗？老师所传授的东西经常温习了吗？"

"为人谋而不忠乎"，是三省中的第一省，直译为：替别人办事是不是尽心竭力了？"与人谋"除了表现为帮人办事外，还包含了策略、谋划之意。"忠"，就是要尽己之力。朱熹在《论语集注》中说："尽己之谓忠。"儒家倡导仁义，并将它作为道德行为的最高准则。若为人谋而不忠，则视为不义，无"义"又 何谈修养？第二省，是"与朋友交而不信乎"。信，即诚信。朱熹说："以实之谓信。"诚信乃为人之本，人若无信则行不端，行不端则非君子。世道纷纭，物欲横流，人心难免为外利所动，此时，人最易失去真我而为物欲所蔽，从而忽略了内心的诚信。曾子认为，诚信是在人格的完善中得以完成的，主张人应在社会上寻求与他人心灵的相通，强调个人与他人诚信交往。第三省，是"传不习乎"。传，传授、教导之义，不仅指师长所教授的知识，还指将生活、学习中所积累的各种经验传达给他们。"习"，熟记于心。朱熹说："习，谓熟之于己。"学习意在增加自身的心性涵养。心性涵养，是建立内在秩序和理想社会的基础，没有内在精神支撑的外在秩序，只是空谈而已。在曾子看来，学习不仅仅是个人行为，也是尊师重教的重要方面。将老师所教牢记于心，才是对老师及其劳动成果真正的尊重。

概括起来，共有三方面的内容，即对任务的忠诚、对朋友的信用、对知识的学习。用今天的话来讲，即职业角色、社会角色和生命角色。战国时期的思想家荀子写道："君子博学而日参省乎己，则知明而行无过矣。"君子广泛地学习，而且每天检查反省自己，那么他就会聪明机智，而行为就不会有过错了。这里的"日参省乎己"正是来自曾子的"吾日三省吾身"，是曾子思想的继承。

思考寄语

儒家十分重视个人的道德修养，以求塑造理想人格。古人从为人谋事、与朋友交往、知识温习三个方面来反省，就是从工作、生活、修养三个方面进行自我反省和提升。在当代社会我们也应当时刻反省自己，每天睡觉之前想想自己在今天为别人做事是否尽心尽力；有没有对家人或别人撒谎；有没有做一件或以上的好事；今天的学习任务是否完成了；等等，或者给自己定一个目标，没有做到要给自己一定的惩戒。不断地纠正自己的行为，脚踏实地地成长。

致福成义 礼达四方

1 礼记·曲礼上（节选）

诵读主体

太上贵德，其次务施报。礼尚往来：往而不来，非礼也；来而不往，亦非礼也。人有礼则安，无礼则危，故曰："礼者不可不学也。"夫礼者，自卑而尊人，虽负贩者，必有尊也，而况富贵乎？富贵而知好礼，则不骄不淫；贫贱而知好礼，则志不慑。

知人论世

《礼记》是中国古代一部关于典章制度的重要文献。《礼记》的内容十分驳杂，各个篇章之间没有必然联系，同一篇中的内容也有前后不相关的现象，缺乏必然逻辑关系，甚至有些篇章"始言一理，中散为万事"。这是由于《礼记》并非一时一人所作，而是成于众人之手。

《曲礼》取篇首二字为名。关于"曲礼"的含义，郑玄认为所记非止一礼，吉礼、凶礼、宾礼、军礼及嘉礼等五礼皆备，需要"曲屈行事"，故名"曲礼"。

阅读鉴赏

上古时代，人们以德为贵，施恩于他人而不求回报；上古之后，人们施惠才要求回报。礼崇尚相互之间有来有往：施惠于他人而他人却不谋回报，这不符合礼的规定；他人前来施惠而我也不谋回报，这也不符合礼的规定。人们依礼行事，社会也安定，反之，人们不依礼行事，不仅自身会招致危险，也会给社会带来危乱。所以，礼，是不可不学的。礼的准则，在于使自己谦卑而尊重他人，即使是社会底层的人也一定有值得尊敬之处，更何况富贵之人呢？身处富贵之人而懂得喜好礼仪、依礼行事，就不会骄奢淫逸；身处贫贱之人而懂得喜好礼仪、依礼行事，则志气不会胆怯。

思考寄语

“来而不往非礼也”这句话我们现在也经常说，没想到它是出自《礼记》吧？随着社会发展，人们对事物的看法也有不同，“礼”也经历了从认知到发展的阶段，淳朴的远古时代，朴素善良的德行就是人们最为崇尚的礼之大义，在这以后讲究的是礼尚往来、知恩图报。今天，有“礼”才有谦谦君子、宏达追求；有“礼”才有典雅语言、优美举止、和谐人际、自信气度，有“礼”才会有我们和谐稳定的社会主义社会。

2 相由心生

诵读主体

春秋诸大夫，见人言动，亿而谈其祸福，靡不验者，左国诸记可观也。

大都吉凶之兆，萌乎心而动乎四体。其过于厚者常获福，过于薄者常近祸。俗眼多翳，谓有未定而不可测者。

至诚合天，福之将至，观其善而必先知之矣；祸之将至，观其不善而必先知之矣。今欲获福而远祸，未论行善，先须改过。

知人论世

本文出自明朝袁了凡的《了凡四训》。

袁了凡（1533—1606），初名表，后改名黄，字庆远，初号学海，后改为凡。浙江嘉善人，出身于书香门第，世以行医为业。其父袁仁为当地名医，笃信佛法，好读书，家中藏书多达两万余卷。袁了凡13岁时，父亲去世，其藏书大多交付了凡保管。因此，他得以博览群书，少时就显露出卓异之才。

《了凡四训》是了凡先生69岁时编订，由“立命之学”“改过之法”“积善之方”“谦德之效”四部分组成。了凡先生编写此书的目的是教育自己的儿子，故初取名“训子文”。

在书中，了凡先生记录了父亲对儿子的谆谆教诲，情感真挚动人。内容由浅入深，简洁明了而不失典雅宏深，能够满足各阶层人士的需求，故能长期受大众的喜爱。此书原文虽只有一万余字，但内容相当丰富：会通儒释道三家思想，旁及诸子百家、程朱理学、陆王心学……集中华优秀传统文化于一体。可谓言简意赅，耐人寻味，令人久读不厌。《了凡四训》还是一部人生智慧之书，其中的观点大多是了凡先生亲身实践后所得。读者可以把它当成一部行动指南，可亲自检验、体悟其中的道理。

阅读鉴赏

译文：

春秋时期的诸位大夫，通过观察人的言谈举止，即能推测说出此人的吉凶祸福，没有不应验的，相关事例可从《左传》《国语》等书的记载中看到。大多数吉凶祸福的征兆，萌发于内心而通过人的行为举止表现出来。那些很厚道的人往往获得福报，那些很刻薄的人往往遭遇灾祸。一般人眼睛就像生了眼病一样，对事情往往看不清楚，总认为吉凶祸福不是注定的，而且难以预测。至诚的心是能与天意相合的，福报要来临时，通过观察这个人的善行必定能事先预知；灾祸要降临时，通过观察这个人的不善之举，也必定能事先预知。如今若想获得福报而远离灾祸，暂时先不讨论行善，首先必须改正过错。

“以貌取人”可谓由来已久，在《礼记》中就记载尧依据人的容貌授予官职。《孝经》则认为容貌举止可以观瞻，进退有据，可为法度。历史上，从一个人的言行来判断事情发展的例子不胜枚举。选文将个人形象与人生命运相关联，“貌”不仅是容貌，更是言行举止，是文明礼仪，也是品德修养。重视仪表，不仅仅是为了美观，更重要的是体现自己的精神状态。坐姿端正，寓意品行要端正，行为要有标准；站姿挺拔，寓意人格要正直，意志要坚强；行走迅速，寓意行动要果决，应变要灵敏。一屋不扫，何以扫天下？一冠不正，何以正一国？所以，了凡先生提倡改变命运，必须先从杜绝自身不端正的行为开始。

思考寄语

一个人的行为举止，不仅能够体现自身的文明修养，甚至能够影响国家形象。作为学生，言行举止、举手投足都能折射出自身的品性和文明素养，不仅反映家庭教育的优劣，还能体现学校教育的成果。所以，我们要重视仪表，品行端庄，讲究礼貌礼节，注重优雅谈吐，为自己树立形象的同时也是改变命运的开始。

3 浪淘沙令

诵读主体

帘外雨潺潺，春意阑珊。罗衾不耐五更寒。梦里不知身是客，一晌贪欢。

独自莫凭栏，无限江山。别时容易见时难。流水落花春去也，天上人间。

知人论世

李煜（937—978），五代词人，初名从嘉，字重光，号钟隐、莲峰居士。彭城（今江苏徐州）人。南唐国君，南唐中主李璟第六子，于宋建隆二年（961）继位，961—975年在位，史称南唐后主。即位后对宋称臣纳贡，以求偏安一方。975年，宋军破金陵，他虽被封为违命侯，实已沦为阶下囚。李煜虽不通政治，但其艺术才华非凡。他精于书画，谙于音律，工于诗文，词尤为五代之冠，被称为“千古词帝”。李煜前半生豪华奢侈，前期词多写宫廷享乐生活，表现宫廷、男女和离愁别绪，风格柔靡；亡国降宋后，过着“日夕只以泪洗面”的软禁生活，后期词转向孤寂悲凉，多写思乡情、亡国恨，反映亡国之痛，题材扩大，意境深远，感情真挚，语言清新，极富艺术感染力。其创作风格直抒胸臆，不加雕饰，遣词准确、洗练，生动如画，形象鲜明，风貌天然。为唐、五代其他词人所不及。李煜扩大了词的题材范围，丰富了词的艺术手段，在词史上具有里程碑式的意义。王国维《人间词话》说："词至李后主而眼界始大，感慨遂深，遂变伶工之词为士大夫之词。"

蔡絛《西清诗话》谓本词是作者去世前不久所写："南唐李后主归朝后，每怀江国，且念嫔妾散落，郁郁不自聊，尝作长短句云：'帘外雨潺潺……'含思凄惋，未几下世。"从本词低沉悲怆的基调中，透露出这个亡国之君绵绵不尽的故土之思，可以说这是一支婉转凄苦的哀歌。

阅读鉴赏

上片用倒叙，先写梦醒再写梦中。起首说五更梦回，薄薄的罗衾挡不住晨寒的侵袭。帘外，是潺潺不断的春雨，是寂寞零落的残春；这种境地使作者倍增凄苦之感。"梦里"两句，回过来追忆梦中情事，睡梦里好像忘记自己身为俘虏，似乎还在故国华美的宫殿里，贪恋着片刻的欢娱，可是梦醒以后，"想得玉楼瑶殿影，空照秦淮"（《浪淘沙》），却伤感痛苦。

下片三句自为呼应。为什么要说"独自莫凭栏"呢？这是因为"凭栏"而不见"无限江山"，又将引起"无限伤感"。"别时容易见时难"，是当时常用的语言。《颜氏家训·风操》有"别易会难"之句，曹丕《燕歌行》中也说"别日何易会日难"。然而作者所说的"别"，并不仅仅指亲友之间，而主要是与故国"无限江山"分别；至于"见时难"，即指亡国以后，不可能见到故土的悲哀之感，这也就是他不敢凭栏的原因。在另一首《虞美人》词中，他说："凭阑半日独无言，依旧竹声新月似当年。"眼前绿竹眉月，还似当年，但故人、故土，不可复见，"凭阑"只能引起内心无限痛楚，这和"独自莫凭栏"一句相仿。

"流水"两句，叹息春归何处。张泌《浣溪沙》有"天上人间何处去，旧欢新梦觉来时"之句，"天上人间"，是说相隔遥远，不知其处。这是指春，也兼指人。词人长叹水流花落，春去人逝，这不仅是本词的结束，亦暗示词人一生即将结束。

思考寄语

李煜后期词反映了他亡国以后囚居生涯中的危苦心情，“眼界始大，感慨遂深”。如本词，即是以景起，由景到情，将梦境与现实、欢乐与愁恨交织抒叙；结尾深入一层，以自然界花落、水流、春归比喻自身面临的厄运。语言生动，纯用白描，却具有很大的感染力量。诵读时，体会李煜以白描手法诉说内心的极度痛苦，撼动读者心灵的惊人艺术魅力。

4 论语·季氏篇第十六

诵读主体

陈亢问于伯鱼曰：“子亦有异闻乎？”对曰：“未也。尝独立，鲤趋而过庭。曰：‘学诗乎？’对曰：‘未也’。‘不学诗，无以言。’鲤退而学诗。他日又独立，鲤趋而过庭。曰：‘学礼乎？’对曰：‘未也’。‘不学礼，无以立。’鲤退而学礼。闻斯二者。”陈亢退而喜曰：“问一得三。闻诗，闻礼，又闻君子之远其子也。”

知人论世

《论语》是由孔子的弟子以及再传弟子编辑而成，记录了孔子及其弟子的言行，全文共20篇。《论语》以语录体为主，集中体现了孔子的政治主张、伦理思想、道德观念及教育原则。

“半部《论语》治天下”，自古至今，无论在何时何地，《论语》一书都是中国一部不能逾越的圣典。那么《论语》究竟是怎样的一本书？从不同的角度看，可以得出不同的结论。《论语》涉及天道与人道，论述人与自然的关系，论述世界观、人生观、价值观，它是一本哲学书；《论语》阐述教学原则、教育思想和教学方法，它是一本教育书；《论语》阐述治国理念、原则方法和政治主张，它是一本政治书；《论语》还涉及文艺学、卫生学、文献学等，它是一本文化书……但是，《论语》的立足点是人，它阐述的是中国人世世代代最关心的主题，即如何做人？因此，它是一本关于做人智慧的书，书中论述的孝悌之道、忠恕之道、处事之道、治国之道、学习之道等，处处闪烁着智慧的光芒，成为最能影响中国历史进程的著作之一。

阅读鉴赏

译文：

陈亢问伯鱼："你在你父亲那里听到过什么特别的教诲吗？"伯鱼回答说："没有呀。有一次他独自站在堂上，我快步从庭里走过，他说：'学《诗经》了吗？'我回答说：'没有。'他说：'不学诗，就不懂得怎么说话。'我回去就学《诗经》。又有一天，他又独自站在堂上，我快步从庭里走过，他说：'学礼了吗？'我回答说：'没有。'他说：'不学礼就不懂得怎样立身。'我回去就学礼。我就听到过这两件事。"陈亢回去高兴地说："我提一个问题，得到三方面的收获，听了关于《诗经》的道理，听了关于礼的道理，又听了君子不偏爱自己儿子的道理。"

本篇讲述了《诗》与礼对人生命成长的重要性：先用《诗》去启发他的向善之心，再用礼使他得以在社会上立身。礼来源于俗，是俗规范化与制度化的产物。其中，礼义是礼的核心内容，任何礼制如果不能表达礼义，或所表达的礼仪不合时宜，就失去了存在的价值。所以，习礼是人的立身之本。

思考寄语

《论语》作为中华文化的重要源头，其蕴含的哲理已深深浸透到中国的政教体制、社会习俗、心理习惯和行为方式中。"学而时习之，不亦说乎？""三人行必有我师焉""人无远虑，必有近忧"……当我们捧读这被颂扬千年的《论语》时，依然能从字里行间体会经典的智慧。

5 孟子·离娄下

诵读主体

孟子曰："君子所以异于人者，以其存心也。君子以仁存心，以礼存心。仁者爱人，有礼者敬人。爱人者，人恒爱之；敬人者，人恒敬之。有人于此，其待我以横逆，则君子必自反也：我必不仁也，必无礼也，此物奚宜至哉？其自反而仁矣，自反而有礼矣，其横逆由是也，君子必自反也，我必不忠。自反而忠矣，其横逆由是也，君子曰：'此亦妄人也已矣。如此，则与禽兽奚择哉？于禽兽又何难焉？'是故君子有终身之忧，无一朝之患也。乃若所忧则有之：舜，人也；我，亦人也。舜为法于天下，可传于后世，我由未免为乡人也，是则可忧也。忧之如何？如舜而已矣。若夫君子所患则亡矣。非仁无为也，非礼无行也。如有一朝之患，则君子不患矣。"

知人论世

孟子，名轲，战国时期伟大的思想家、政治家、教育家，孔子学说的继承者，儒家的重要代表人物。相传孟子是鲁国贵族孟孙氏的后裔，幼年丧父，家庭贫困，曾受业于子思的门人。学成以后，以士的身份游说诸侯，企图推行自己的政治主张，他继承了孔子"仁"的思想并将其发展成为"仁政"思想，被称为"亚圣"。

《孟子》一书是孟子的言论汇编，共七篇，记录了孟子与其他各家思想的争辩、对弟子的言传身教、游说诸侯等内容。书中记录了孟子的治国思想、政治策略和政治行动。南宋朱熹将《孟子》与《论语》《大学》《中庸》合在一起列为"四书"，成为科举考试的内容，更是读书人的必读书。《孟子》行文气势磅礴，感情充沛，雄辩滔滔，极富感染力，流传后世，影响深远，是儒家经典著作之一。

《离娄下》全篇原文共33章，内容涉及古代圣王与圣人之徒同道、君臣关系、待人接物的处事态度及个人修养等诸多方面。本篇中，孟子对君臣关系的描述更多强调君对臣的"礼"。他所称道的是战国以前的那种君臣关系：那时候的贤士，如果王公贵族不向他们恭恭敬敬地尽到礼节，就不能经常见到他们，连想见到都难，更别提把他们当作臣子来使唤了。他还强调，从德行上来讲，有德之臣的地位应该是高于君主的，所以商汤对于伊尹，首先是把他当成老师向他学习，然后才把他当成臣子。齐桓公对于管仲，也是先把他当成老师向他学习，然后才把他当成臣子。如果天下的君主都像商汤和齐桓公那样做，不用费什么力气就能称霸天下了。君王与臣子的关系是否和睦，在很大程度上直接左右着国家的兴衰荣辱。

阅读鉴赏

译文：

孟子说："君子和一般人不同的地方，在于他的存心。君子把仁放在心上，把礼放在心上。仁人爱别人，有礼的人尊敬别人。爱别人的人，别人常爱他；尊敬别人的人，别人常尊敬他。假如这里有个人，他对我粗暴无理，那么，君子一定会自我反省：我一定是对他不仁，一定是对他无礼，否则这种事怎么会落到我头上？自我反省之后认为自己做到了仁，自我反省之后认为自己做到了有礼，但那粗暴无礼的人还是这样，君子一定又会自我反省，我一定是对他不真诚。自我反省之后认为自己做到了真诚，那粗暴无礼的人还是这样。君子就说：'这不过是个狂妄的人罢了。既是这样，他和禽兽有什么区别呢？对于禽兽还有什么可责备的呢？'因此君子有终身的忧虑，而没有意外的痛苦。像这样的忧虑是有的：舜，是个人；我，也是个人。舜成为天下人的模范，可以流传后世，我还不免于只是个普通人，这就是可忧虑的。忧虑了怎么办？努力像舜一样罢了。至于君子的痛苦，那是没有的。不仁的事不做，不合于礼的事不干。假如有意外的灾难，君子也不为它感到痛苦。"

本文论君子之优于他人，在于有仁、礼、忠。孟子认为，君子心底无私天地宽；爱护他人，受人之爱；尊敬他人，受人尊敬。君子之忧，在于成不了舜帝那样的圣人，而不忧别的。孟子之时，天下战乱纷纷，所以他主张以舜帝之仁、之礼来救天下，而不主张与横行霸道者较一日之短长。

思考寄语

礼仪体现的是善待他人、尊重他人。在日常生活中，我们每个人都渴望得到别人的尊重，但只有尊重他人，才能赢得他人的尊重。尊重他人是一种高尚的美德，是个人内在修养的外在表现，也是一种文明的社交方式。如果人人都懂得尊重他人，那我们这个社会，不就是一个人人都会受到尊重的文明社会吗？

6 小窗幽记·立业与修德

诵读主体

立业建功，事事要从实地着脚；
若少慕声闻，便成伪果。
讲道修德，念念要从处处立基；
若稍计功效，便落尘情。

知人论世

《小窗幽记》是一本关于修身养性、为人处世的生活哲理小品集，其作者为明末文学家、书画家陈继儒。

陈继儒（1558—1639），字仲醇，号眉公、麋公，华亭（今上海松江）人。他聪颖好学、博学多才，在当时即享有盛誉，备受人们推崇。据《明史陈继儒传》记载“王世贞亦雅重继儒，三吴名下士争欲得为师友”“或刺取琐言僻事，诠次成书，远近竞相购写。征请诗文者无虚日。性喜奖掖士类，屦常满户外，片言酬应，莫不当意去”。连当时的名人黄道周也上疏称：“志尚高雅，博学多通，不如继儒。”陈继儒一生著述甚丰，有《陈眉公全集》传世，另辑有《国朝名公诗选》《宝颜堂秘笈》，都是珍贵的文化遗产。

《小窗幽记》是影响深远的名作，问世300多年来，广泛流传，深得读者钟爱。《小窗幽记》是一部生活指南，它从日常起居到交朋处友，从读书治学到为官执政，从为人处世到建功立业，从修身养性到安身立命，都为人指点迷津；它还教人如何正确对待工作和休息、贫贱和富有、得失和成败、生老和病死、功名和祸福等，劝人保持平和的心态、正直的人格，以追求清静的生活和质朴的人生。《小窗幽记》蕴含了深刻的人生哲理，篇篇都是至理名言，闪耀着哲学光辉，充满着思辨色彩。总之，《小窗幽记》能让人们在美的享受中获得生活的启迪，感受到生命的真实存在。

阅读鉴赏

建立功名创立事业，必须每件事都脚踏实地埋头苦干；如果稍有追慕声名的念头，便会使成果变得虚假不实。探究道理，修养品德，每个念头都必须从每个安身立命之处着力；如果稍有计较功效的念头，便会落入世俗的尘垢。

思考寄语

一个人活在世上应该建功立业有所作为，但醉心名誉的人，即使建功立业，也是为了自己，这样就会使建立功业的成果变得虚假不实。至于讲道德，最重要的是为修养自己的德性，不是为了他人的眼光，也不是为了得到什么好处。在道德上真正有所得的人，根本不计较他人对自己的看法。计较他人的看法，便是落在世俗尘垢之念上了，道德也就失去了。

7 礼记·仲尼燕居（节选）

诵读主体

仲尼燕居，子张、子贡、子游侍，纵言至于礼。子曰："居！女三人者。吾语女礼，使女以礼周流，无不遍也。"子贡越席而对曰："敢问何如？"子曰："敬而不中礼谓之野，恭而不中礼谓之给，勇而不中礼谓之逆。"子曰："给夺慈仁。"子曰："师！尔过，而商也不及。子产犹众人之母也，能食之，不能教也。"子贡越席而对曰："敢问将何以为此中者也？"子曰："礼乎礼。夫礼，所以制中也。"

知人论世

《仲尼燕居》在《礼记》中排列第二十八。

“燕居”，犹“闲居”。本篇是以篇首四字为名。郑玄《目录》的解释是：“名曰‘仲尼燕居’者，善其不倦，燕居犹使三子侍之，言及于礼。著其字，言事可法。退朝而处曰燕居。此于《别录》通论。”

本篇主要记载孔子退朝居家时与三个弟子（子张、子贡、子游）畅谈自己对礼的看法。内容涉及礼在治国中的重要地位、古代的礼乐情况以及礼乐之间的相互关系等儒家礼治主义思想。文中的部分内容又见于《孔子家语》的《论礼》和《问玉》篇。

阅读鉴赏

孔子在家闲坐，子张、子贡、子游在旁边侍立，在闲谈的时候说到了礼。孔子说：“你们三个人都坐下，我来给你们说说什么是礼，以便你们可以到处运用，到处普及。”子贡马上离开坐席答复说：“请问老师要讲的礼是怎样的呢？”孔子答复说：“虽然内心敬慎却不符合礼的要求，那叫粗野；尽管外表恭顺却不符合礼的要求，那叫花言巧语；尽管勇敢却不符合礼的要求，那叫乱来。”孔子又补充道：“花言巧语只是给人以仁慈的假象。”孔子又说：“师，你办事往往过火，而商却常常做得不够。子产就像是百姓的慈母，他能让百姓吃饱，却不知道如何教育他们。”子贡又立刻离开坐席回答说：“请问如何才能做到恰到好处呢？”孔子说：“只有礼呀！礼就是用来掌握火候使人做到恰到好处的。”

思考寄语

《礼记》中对“礼”有非常明确的解释，《礼记·仲尼燕居》里有这样一句：“礼也者，理也。”说明礼是一种符合道德理性要求的规范。《礼记·乐记》里又说：“礼者，理之不可易者也。”“不可易”说明，礼是一种长久的道德理性。中国人把各种形式的规范都叫礼，礼代表了中国文化的治国理念。当时治理国家有两套思路，一种是“导之以政”，就是以行政命令来引导老百姓，这样做老百姓有的听有的不听，有的做有的不做，表现出来就是不整齐。如果要让他们整齐，就要以刑让百姓听令，但百姓内在的羞耻之心没有建立起来，不犯罪只是因为害怕刑罚；另一种治国理念是“导之以德”，就是以道德和礼仪来引导老百姓，这样做能唤醒人们内心深处的良知，这才是能让国家长治久安的根本动力。

8 示宪儿

诵读主体

幼儿曹，听教诲：勤读书，要孝悌；学谦恭，循礼仪；节饮食，戒游戏；
毋说谎，毋贪利；毋任情，毋斗气；毋责人，但自治；能下人，是有志；
能容人，是大器；凡做人，在心地；心地好，是良士；心地恶，是凶类；
譬树果，心是蒂；蒂若坏，果必坠。吾教汝，全在是。汝谛听，勿轻弃。

知人论世

王守仁（1472—1529），幼名云，字伯安，别号阳明。浙江绍兴府余姚县（今属宁波余姚）人，因曾筑室于会稽山阳明洞，自号阳明子，学者称之为阳明先生，亦称王阳明。明代著名的思想家、文学家、哲学家和军事家，陆王心学之集大成者，精通儒家、道家、佛家。弘治十二年（1499）进士，历任刑部主事、贵州龙场驿丞、庐陵知县、右佥都御史、南赣巡抚、两广总督等职，晚年官至南京兵部尚书、都察院左都御史。因平定宸濠之乱的军功而被封为新建伯，隆庆年间追赠新建侯。谥“文成”，故后人又称王文成公。

王守仁（心学集大成者）与孔子（儒学创始人）、孟子（儒学集大成者）、朱熹（理学集大成者）并称为孔、孟、朱、王。

王守仁的学说思想“王学（阳明学）”，是明代影响最大的哲学思想。其学术思想传至日本、朝鲜半岛及东南亚，集立德、立言于一身，成就冠绝有明一代。弟子极众，世称姚江学派。其文章博大昌达，行墨间有俊爽之气。其著作收录至《王文成公全书》。

阅读鉴赏

中华民族之所以能够代代传承，兴旺五千年，在于家教的支撑。“家训”以其特有的形式怡悦着人们的情志、陶冶着人们的情操、感化着人们的心灵，真实地反映了各个时代的风貌和社会生活。孔子对儿子孔鲤所言“不学诗无以言，不学礼无以立”，就是著名的“鲤庭承训”；后来，孔氏子孙便以“诗礼传家”作为孔氏的家学风范。南北朝时北齐文学家颜之推的《颜氏家训》，是我国历史上第一部内容丰富、体系宏大的家训，被后人誉为家教典范。《诫子书》《朱子治家格言》《曾国藩家训》等，对后世影响也很大。在如此众多的家训之中，《王阳明家训》又有着特殊的作用。

这篇《王阳明家训》，又称“示宪儿三字诗”，收录在《王阳明全集·外集二·赣州诗》中。家训的对象宪儿，即王正宪。正德十年（1515）正月，王阳明年已四十四岁，但是王阳明及其弟守俭、守文、守章俱未有子，父亲王华即选择三弟王究的孙子、王守信的第五子正宪来过继，作为王阳明嗣子。是年，正宪八岁。

王阳明功成名就后，萌生出归乡隐居之念。但此时正是朝廷需要王阳明为其效力之时，岂能让他回家清闲。但家中有宪儿，时年十一岁，正是切须教训之时。他趁叔父回家之便，随带一纸“家训”以教训儿子，于是便有了这则《示宪儿》，希望家人对宪儿严加教训，教其读书学礼，从“心地”开始，以德行着手，将儿子培养成“良士”。整篇家训，三字一句，共三十二句，一韵到底，通俗易记，便于朗诵，采用歌谣体的形式，向子弟们严正指明“凡做人，在心地；心地好，是良士；心地恶，是凶类……吾教汝，全在是。汝谛听，勿轻弃”。

作为社会的细胞，家庭承担着守护社会价值观的责任，当社会能够良性发展时，家庭也为道德礼义的实践提供了第一个场所。孩童在真正进入社会之前，就在家风的熏陶下，对应遵守的秩序进行体认、模仿与自觉维护。这篇《王阳明家训》中，“重德修身”是核心内容，经过“凡做人，在心地；心地好，是良士；心地恶，是凶类”，达到“心化于内，形化于外”的最终结果，也就是“阳明学说”的核心——致良知。

思考寄语

当代中国，我们看到不少父母为了孩子出人头地，不惜花费重金请“名师”补习，弄得假期比学期更为紧张，但又有多少父母意识到或者愿意让孩子“进修德业”呢？又有多少父母明了教会孩子如何做一个有道德的人，要比让孩子学习什么钢琴、小提琴，学画画、学舞蹈、学什么金融理财、补习外语等要重要得多呢？作为中华儿女，要谨言慎行，洁身自好，好好学习传统文化，恪守家训，从王阳明等历代先贤身上汲取营养，学会“修身齐家”。家训是古人留给我们的一大笔宝贵的文化遗产，学习研究并利用这些遗产，对提高我们的文化素质、品德修养，必然会起到不可低估的作用。让我们从传统家规中汲取精华，以礼入教，以德育人，为实现中国梦而作出贡献。

9 礼贤下士魏文侯

诵读主体

魏文侯以卜子夏、田子方为师。每过段干木之庐必式。四方贤士多归之。

使乐羊伐中山，克之；以封其子击。文侯问于群臣曰："我何如主？"皆曰："仁君。"任座曰："君得中山，不以封君之弟而以封君之子，何谓仁君！"文侯怒，任座趋出。次问翟璜，对曰："仁君。"文侯曰："何以知之？"对曰："臣闻君仁则臣直。向者任座之言直，臣是以知之。"文侯悦，使翟璜召任座而反之，亲下堂迎之，以为上客。

文侯与田子方饮而称乐，文侯曰："钟声不比乎？左高。"田子方笑。文侯曰："奚笑？"子方曰："臣闻之，君明则乐官，不明则乐音。今君审于声，臣恐君之聋于官也。"文侯曰："善，敬闻命"。

子击出，遭田子方于道，下车伏谒。子方不为礼。子击怒，谓子方曰："富贵者骄人乎？贫贱者骄人乎？"子方曰："亦贫贱者骄人耳，富贵者安敢骄人！国君而骄人则失其国，大夫而骄人则失其家。失其国者未闻有以国待之者也，失其家者未闻有以家待之者也。夫士贫贱者，言不用，行不合，则纳履而去耳，安往而不得贫贱哉！"子击乃谢之。

知人论世

节选自《资治通鉴·周纪》。

《资治通鉴》自成书以来，历代帝王将相、文人骚客、各界要人争读不止。点评批注《资治通鉴》的帝王、贤臣、鸿儒及现代的政治家、思想家、学者不胜枚举。对《资治通鉴》的称誉，除《史记》外，几乎没有任何一部史著可与之媲美。可用清人王鸣盛的一句话来概括："此天地间必不可无之书，亦学者必不可不读之书也。"

阅读鉴赏

译文：

魏文侯魏斯以卜子夏、田子方为国师，他每次经过名士段干木的住宅都要在车上俯首行礼。四方贤才德士很多前来归附他。

魏文侯派乐羊攻打中山国，攻克之后，封给了自己的儿子魏击。魏文侯问群臣说：“我是什么样的君主？”大家都说：“您是仁德的君主。”任座说：“国君您得了中山国，不用来封给您的弟弟却封给自己的儿子，这算什么仁德君主？”魏文侯勃然大怒，任座快步离开。魏文侯又问翟璜，翟璜回答说：“您是仁德君主。”魏文侯问：“你怎么知道？”翟璜回答说：“臣下我听说国君仁德他的臣子就敢直言。刚才任座的话很耿直，于是我知道您是仁德君主。”魏文侯大喜，派翟璜去追任座回来，还亲自下殿堂去迎接，奉为上客。

魏文侯同田子方一块饮酒，文侯说：“钟声好像不和谐，编钟左边悬挂偏高。”田子方听了后发笑。文侯问：“你笑什么？”田子方说：“我听说，国君应当审察乐官有无才艺，不拘泥于去审察乐音的和谐。现在国君您对乐音很审察，我恐怕您顾不上听察管制政务的情况。”文侯说：“这话说得好。”

魏文侯的公子魏击出行，途中遇见国师田子方，下车伏拜行礼。田子方却不作回礼。魏击怒气冲冲地对田子方说：“富贵的人能对人骄傲呢？还是贫贱的人能对人骄傲？”田子方说：“当然是贫贱的人能对人骄傲啦，富贵的人哪里敢对人骄傲呢？国君对人骄傲就将亡国，大夫对人骄傲就将失去封地。失去国家的人没有听说有以国主之礼对待他的；失去封地的人也没有听说有以家主之礼对待他的。贫贱的游士呢，话不中听，行为不合意，就穿上鞋子告辞了，到哪里得不到贫贱呢！”魏击于是向田子方道歉。

魏文侯（前472年—前396年），战国时期魏国开国君主，是战国初期魏国崛起的关键人物，也是史学大家司马光非常推崇的治国明君。魏文侯用人，既能够礼遇有加、君臣相长，也能够用人不疑、人尽其才。后世史家著书无不称赞魏文侯之贤。在他的领导下，魏国的政治、经济、文化和军事在当时都居于前列，成为战国初期当之无愧的第一强国。

思考寄语

战国时期，群雄并起，魏国地处百战之地，易攻难守，魏文侯却使魏国一跃而为战国初期的强国。魏文侯的成功与他礼贤下士，言必行、行必果等优秀品质密切相关。这几个故事告诉我们，在日常生活中要能待人以礼，争取更多的有为之人和自己站在一起，这样才能成就一番大事业。

10 廉耻

诵读主体

《五代史·冯道传》论曰：礼义廉耻，国之四维；四维不张，国乃灭亡。善乎，管生之能言也！礼义，治人之大法；廉耻，立人之大节。盖不廉则无所不取；不耻则无所不为。人而如此，则祸败乱亡亦无所不至；况为大臣而无所不取，无所不为，则天下其有不乱，国家其有不亡者乎！然而四者之中，耻尤为要。故夫子之论士曰："行己有耻。"孟子曰："人不可以无耻，无耻之耻，无耻矣！"又曰："耻之于人大矣！为机变之巧者，无所用耻焉！"所以然者，人之不廉，而至于悖礼犯义，其原皆生于无耻也。故士大夫之无耻，是谓国耻。

吾观三代以下，世衰道微，弃礼义，捐廉耻，非一朝一夕之故。然而松柏后凋于岁寒，鸡鸣不已于风雨，彼昏之日，固未尝无独醒之人也！顷读《颜氏家训》，有云："齐朝一士夫，尝谓吾曰：'我有一儿，年已十七，颇晓书疏，教其鲜卑语，及弹琵琶，稍欲通解，以此伏事公卿，无不宠爱。'吾时俯而不答。异哉，此人之教子也！若由此业自致卿相，亦不愿汝曹为之！"嗟乎！之推不得已而仕于乱世，犹为此言，尚有《小宛》诗人之意，彼阉然媚于世者，能无愧哉！

知人论世

顾炎武（1613—1682），本名顾绛，字宁人，人称亭林先生，南直隶昆山（今江苏昆山）人。明末清初杰出的思想家、经学家、史地学家和音韵学家，与黄宗羲、王夫之并称为"明末清初三大儒"。

崇祯十六年（1643）成为国子监生，加入复社。清兵入关后，组织反清活动。后期拒绝朝廷征辟，一生辗转，行万里路，读万卷书，创立了一种新的治学方法，成为清初继往开来的一代宗师，是清学"开山始祖"。顾炎武学问渊博，对国家典制、郡邑掌故、天文仪象、河漕、兵农及经史百家、音韵训诂之学都有研究。晚年，治经重视考证，开启清代朴学风气；治学以"博学于文，行己有耻"

为主，合“学与行、治学与经世”为一，诗多为伤时感事之作。著有《日知录》《天下郡国利病书》《亭林诗集》等。

阅读鉴赏

译文：

《五代史·冯道传》论说：“礼、义、廉、耻是维系国家的四项道德准则，如果它们不能被推行，国家极易灭亡。”妙啊，管子的善于立论！礼义是治理人民的大法；廉耻，是为人立身的大节。因为不廉洁便什么都可以拿；不知耻便什么都可以做。人到了这种地步，那便灾祸、失败、逆乱、死亡，也就都随之而来了；何况身为大臣而什么都拿，什么都做，那么天下哪有不乱，国家哪有不亡的呢？然而在这四者之间，知耻尤其重要。因此孔子论及怎么才可以称为士，说道：“个人处世必须有羞耻心。”孟子说：“人不可以没有羞耻心，能以无耻为可耻，就能免于羞耻了。”又说：“羞耻心对于人关系极大，那些搞阴谋诡计耍花样的人，是根本谈不上知耻的。”他们之所以这样说，是因为一个人的不廉洁，乃至于违犯礼义，究其原因都产生在无耻上。因此士大夫（国家领袖人物）的无耻，可谓国耻。

我考察自三代以下，社会和道德日益衰微，礼义被抛弃，廉耻被扔在一边，这已不是一朝一夕的事了。但是凛冽的冬寒中有不凋的松柏，风雨交加中有警世的鸡鸣，在那些昏暗的日子中，也不会没有独具卓识的清醒者啊！最近读到《颜氏家训》上有一段话说：“齐朝一个士大夫曾对我说：‘我有一个儿子，年已十七岁，颇能写些文件书牍，教他讲鲜卑话，也让他学弹琵琶，他很快就能掌握，用这些技能侍候公卿大人，到处受到宠爱。’我当时低首不答。真奇怪，此人竟是这样教育儿子的！倘若通过这些本领能使自己做到卿相的地位，我也不愿你们这样干。”哎！颜之推不得已而出仕于乱世，尚且能说这样的话，还有《小宛》诗人的精神，那些卑劣地献媚于世俗的人，能不感到惭愧吗！

文章第一段是从理论上阐述廉耻的重要性。全段基本上由前人的四段话组成，再加上作者的两处议论，把廉耻的重要性提到关系国家民族的高度来认识。首先引用《五代史·冯道传》一文中管子的话，总说礼义廉耻，然后分说礼义和廉耻。最后专说廉耻，说不廉不耻的严重后果：普通人不廉不耻，则祸败乱亡至；大臣不廉不耻，则天下乱、国家亡。这样，中心论题就非常明确了。接着作者特别提出“耻”，认为它尤其重要。其次引用孔子和孟子的三句话，都是单独讲耻。孔子所说“行己有耻”，是说要用羞耻之心来约束和规范自己的行为，这是做士的首要和根本条件。孟子所说“人不可以无耻，无耻之耻，无耻矣”，是说一个人不可以没有羞耻心；如果能够认识到没有羞耻心是可耻的，那么就不会蒙受羞耻了。“耻之于人大矣！为机变之巧者，无所用耻焉”是说羞耻对于人来说关系重大，巧诈多变的人，是不把羞耻当一回事的。这三句话各有侧重，从正面、反面说明知耻是立身之大节。最后，作者又从耻与廉、礼、义的关系上小结这一段：无耻是不廉，以至悖礼、犯义的原因；士大夫无耻就会使国家蒙受耻辱。

这一段论述，层层剥笋，由浅入深，具有极强的逻辑性。

第二段是作者针对现实有感而发，强调要做廉而知耻的“独醒之人”。作者痛恨当时“弃礼义，捐廉耻”的世风人情，赞美那些在“岁寒”“风雨”衰乱之世的“独醒之人”。“彼昏之日，固未尝无独醒之人也”，语气徐缓而意思肯定，寄托着作者的希望。下引《颜氏家训》中所说的那位北齐读书人，教他的儿子学鲜卑语和弹琵琶，是为了服侍公卿能得宠爱。颜之推对此是深不以为然的。作者认为颜之推是独醒之人，即用以证明上文的论断。颜之推生当乱世，那位北齐读书人教儿子学外族语言和外来乐器，其情势也就与明清易代时相同。作者贬斥北齐读书人、赞美颜氏独醒，实际都是对现实有感而发。然而，作者并不到此为止，最后还说：“彼阉然媚于世者，能无愧哉！”锋芒所向就更清楚了。

这一段议论，因今而述昔，由昔更感今，具有很强的感染力。

思考寄语

礼义廉耻属于封建道德范畴。但是，不同的历史时期，礼义廉耻的具体内涵并不尽同。在孔子的著作中，“礼”的地位是最高的，《论语》中的泰伯篇说“立于礼”；季氏篇说“不学礼，无以立”，“礼”是立身之本；管子也是把“礼”列为四维之首。然而在本文中，顾炎武认为“耻尤为要”，并从民族关系方面来论“耻”。这一现象说明，不宜过分地拘泥于礼义廉耻本来的阶级属性而对它们一概采取否定和批判的态度。尤其是廉和耻，廉而不贪，知耻慎行，就其泛指的意义来说，可以作为不同的时代、不同的人所共同遵循的道德标准。

11 延陵季子将西聘晋

诵读主体

延陵季子将西聘晋，带宝剑以过徐君，徐君观剑，不言而色欲之。延陵季子为有上国之使，未献也，然其心许之矣。致使于晋，故反，则徐君死于楚，于是脱剑致之嗣君。从者止之曰："此吴国之宝，非所以赠也。"延陵季子曰："吾非赠之也。先日吾来，徐君观吾剑，不言而其色欲之。吾为有上国之使，未献也。虽然，吾心许之矣。今死而不进，是欺心也。爱剑伪心，廉者不为也。"遂脱剑致之嗣君。嗣君曰："先君无命，孤不敢受剑。"于是季子以剑带徐君墓树而去。徐人嘉而歌之曰："延陵季子兮不忘故，脱千金之剑兮带丘墓。"

知人论世

本文选自《新序·节士卷七》，讲述了出使晋国的延陵季子季札为实现已故的徐国国君的心愿而将宝剑挂于其坟前树上，表现了季札讲究信义的美德的故事。《新序》是刘向采集舜禹以至汉代史实，分类编辑而成的一部书，所记史事与《左传》《战国策》《史记》等有出入。

刘向（前77—前6），原名更生，字子政，沛县（今属江苏）人。西汉经学家、目录学家、文学家。刘向的散文主要是奏疏和校阅古书的"叙录"，较有名的有《谏营昌陵疏》和《战国策叙录》，叙事简约、理论畅达、舒缓平易是其主要特色。

阅读鉴赏

译文：

延陵季子奉命向西出使晋国，佩带宝剑拜访了徐国国君。徐国国君观赏季子的宝剑，嘴上没有说什么，但神色透露出想要宝剑的意思。延陵季子因为有出使上国的任务，就没有把宝剑献给徐国国君，但是他在心里已经答应将剑献给徐国国君了。季子在晋国完成了出使任务，返还徐国，可是徐国国君已经死在楚国。于是，季子解下宝剑送给继位的徐国国君。随从人员阻止他说："这是吴国的宝物，不是用来作赠礼的。"延陵季子说："我不是送给他的。前些日子我经过这里，徐国国君观赏我的宝剑，嘴上没有说什么，但是他的脸上透露出想要这把宝剑的表情；我因为有出使上国的任务，就没有献给他。虽是这样，在我心里已经答应给他了。如今他死了，就不再把宝剑进献给他，这是欺骗我自己的良心。因为爱惜宝剑就使自己的良心虚伪，方正、刚正的人是不这样的。"于是解下宝剑送给了继位的徐国国君。继位的徐国国君说："先君没有留下遗命，我不敢接受宝剑。"于是，季子把宝剑挂在了徐国国君坟墓边的树上就走了。徐国人赞美延陵季子，歌唱他说："延陵季子兮不忘故（先前的承诺），脱千金之剑兮带丘墓。"

文中的季子爱剑却不欺心，留下了"季札挂剑"的千古佳话，刘向颂扬了季札重信守诺的高尚品行，同时从文中我们还可以读到从者、徐君、嗣君的君子之风。

季子，又名季札，为吴王寿梦的儿子。吴王有四个儿子——诸樊、馀祭、馀昧、季札。季札是寿梦的第四个儿子，一向贤明。因此，寿梦想把王位传给他，但是季札不受，所以，王位传给了寿梦的大儿子诸樊。诸樊为了满足父亲的愿望，临死前，授命将王位传给弟弟馀祭，准备以兄终弟及的方法让季札接受王位。但是，馀昧死后，季札仍然坚辞不受。最后，馀昧的儿子公子僚做了吴王。这就是季札让国、让贤的故事。

思考寄语

我们国家拥有优秀的传统美德，号称礼仪之邦，但当时间流转到我们现代，我们的物质在不断丰裕的同时，我们的一些人文精神却在不断地散落，传统美德在不断地缺失。现代都市人与人之间更多的是有隔膜的、防御性的，人们渐渐地丧失了起码的礼仪，包括简单的微笑。我想读完这篇文章，大家或许会有所领会，更有所体悟。传统美德并不抽象，只要有爱，只要我们动手去做，世界便不会冷漠。

12 致诸弟·劝述孝悌之道

诵读主体

澄侯、叔淳、季洪三弟左右：

五月底连接三月一日、四月十八两次所发家信。

四弟之信，具见真性情，有困心衡虑、郁积思通之象。此事断不可求速效，求速效必助长，非徒无益，而又害之。只要日积月累，如愚公之移山，终久必有豁然贯通之候；愈欲速则愈锢蔽矣。

来书往往词不达意，我能深谅其苦。今人都将学字看错了。若细读《贤贤易色》一章，则绝大学问即在家庭日用之间。于孝悌两字上尽一分便是一分学，尽十分便是十分学。今人读书皆为科名起见，于孝悌伦纪之大，反似与书不相关。殊不知书上所载的，作文时所代圣贤的，无非要明白这个道理。若果事事做得，即笔下说不出何妨！若事事不能做，并有亏于伦纪之大，即文章说得好，亦只算个名教中之罪人。贤弟性情真挚，而短于诗文，何不日日在孝悌两字上用功？《曲礼》《内则》所说的，句句依他做出，务使祖父母、父母、叔父母无一时不安乐，无一时不顺适；下而兄弟妻子皆蔼然有恩，秩然有序，此真大学问也。若诗文不好，此小事，不足计；即好极，亦不值一钱。不知贤弟肯则听此语否？

科名之气所以可贵者，谓其足以承堂上之欢也，谓禄仕可以养亲也。今吾已得之矣，即使诸弟不得，亦可以承欢，可以养亲，何必兄弟尽得哉？贤弟若细思此理，但于孝悌上用功，不于诗文上用功，则诗文不期进而自进矣。

凡作字总须得势，务使一笔可以走千里。三弟之字，笔笔无势，是以局促不能远纵。去年曾与九弟说及，想近来已忘之矣。

九弟欲看余白折。余所写折子甚少，故不付。大铜尺已经寻得。付笔回南，目前实无妙便，俟秋间定当付还。

去年所寄牧云信未寄去，但其信前半劝牧云用功，后半劝凌云莫看地，实有道理。九弟可将其信抄一遍仍交与他，但将纺棉花一段删去可也。地仙为人主葬，害人一家，丧良心不少，未有不家败人亡者，不可不力阻凌云也。至于纺棉花之说，如直隶之三河县、灵寿县，无论贫富男妇，人人纺布为生，如我境之耕田为生也。江南之妇人耕田，犹三河之男人纺布也。湖南如浏阳之夏布、祁阳之葛布、宜昌之棉布，皆无论贫富男妇，皆依以为业。此并不足为骇异也。第风俗难以遽变，必至骇人听闻，不如删去一段为妙。书不尽言。

兄国藩手草。

道光二十三年六月初六日

知人论世

曾国藩具有丰富的政治经验和历史知识，熟悉历代掌故，因而在击败太平天国后一方面自裁湘军；一方面把家书刊行问世，借以表明自己忠心为清廷效命，以塞弄臣之口。《曾国藩家书》历久不衰，后经多家取舍整理，形成多种版本。

总的说来，他的家书现存1400多篇，从道光二十年（1840）到同治十年（1871），内容包括修身、教子、持家、交友、用人、处世、理财、治学、治军、为政等方面，这些家书真实而又细腻，平常而又深入，是一部真实而又生动的生活宝鉴。

曾氏家书行文从容镇定，形式自由，随想而到，挥笔自如，在平淡家常中蕴含真知良言，具有极强的说服力和感召力。尽管曾氏留传下来的著作太少，但仅一部家书就可以体现他的学识造诣和道德修养。曾国藩作为清代著名的理学家、文学家，对书信格式极为讲究，显示了他恭肃、严谨的作风。

阅读鉴赏

译文：

五月底连接三月初一、四月十八日两次所发家信。

四弟的信，都见真性情，有困心衡虑、郁积思通的气象。这件事绝不可以求快，快了便成了拔苗助长，不仅没有益处，而且有害。只要日积月累，像愚公移山一样，终有豁然开朗的时候，越求快越无出头之日。

来信往往词不达意，我能谅解他的苦衷。今天的人都把学字看错了。如果仔细读贤贤易色一章，那么会发现绝大多数的学问，就在家庭日用中间。在孝、悌二字上尽一分力，便是一分学问，尽十分，便是十分学问。今天的人读书，都是为了科名，对于孝、悌、伦、纪的大义，反而似乎与读书不相干，殊不知书上所写的，作文时所代圣贤说的，无非要明白这个道理。如果真的事事做到，那么就是笔下写不出来，又有什么关系呢？如果事事不能做，并且有愧于伦纪之大义，那即使文章说得好，也只算得一个名教中的罪人。贤弟性情真挚，而不善诗文，何不天天在孝、悌两字上下功夫？《曲礼》《内则》所说的，句句依他去做，务使祖父母、父母、叔父母没有一时不安乐，没有一刻不舒适；向下对兄弟妻子，都和蔼有恩，井然有序，这真是大学问。如果诗文不好，这是小事不必计较，就是好得不得了也不值一个钱。不知道贤弟肯不肯听这话？

科名之所以可贵，是说它能够让堂上大人欢心，拿了俸禄可以养亲。现在，我已得到，即使弟弟们不得，也可以承欢，也可以养亲，何必各位弟弟都得呢？贤弟如果细想这个道理，在孝、悌上用功，而不在诗文上用功，那么不希望诗文进步它都自然会进步。

凡写字总要有一种势头，使一笔可以走千里。三弟的字，笔笔没有气势，所以局促而不能远纵。去年曾经和九弟说过，我想是近来忘记了吧。

九弟想看我的白折，我所写的折子很少，所以不寄了。大铜尺已经找到。想要寄笔回家，眼下实在不方便，等到秋天一定寄回。

去年寄给牧云的信现在还未寄去，但是信的内容，前半部分是劝牧云用功，后半部分是劝凌云莫看地仙，这是有道理的。九弟可将此信抄一遍给他，将纺棉花一段删去也行。地仙为人家主持丧事，害人一家，丧良心不少，没有不家败人亡的，不能不极力去阻止凌云。至于纺棉花的说法，如直隶的三河县、灵寿县，无论贫与富，男与女，人人纺布为生，好比我们那儿靠耕田为生一样。江南的妇女耕田，如同三河的男人纺布一样，湖南如浏阳的夏布、祁阳的葛布、宜昌的棉布，都是不论贫富男女，依靠它为生，这不足为奇。只是风俗难以很快改变，一定会骇人听闻，不如删去这一段为好。书不尽言。

曾国藩毕生推崇孝悌友爱，认为孝友是维系家庭团结稳定的不二法门。曾国藩曾在家书中写道：“孝友为家庭之祥瑞，凡所称因果报应，他事或不尽验，独孝友则立获吉庆，反是则立获殃祸，无不验者。”曾国藩坚信，父母孝顺、友爱兄弟是家庭祥瑞的预示，世人所谓的因果报应不一定事事皆应，但唯独孝友可立即得到吉报。

在曾国藩看来，孝友之家首要的是要做到对长辈奉养、尊敬和关怀，这种关怀是持久的，不会因时间流逝而改变，子女即使不在父母身边也应想方设法尽到对父母的一片孝心。

此外，曾国藩还注意兄弟间和睦友爱的重要性，身为曾氏长子，他一生对诸弟的教导几乎达到了一种须臾不忘的境界。他认为家庭的和睦稳定不只要在对长辈孝顺方面下功夫，兄弟间的和睦友爱也同等重要。兄弟间和睦融洽，即便贫困不堪，日后也定会兴旺发达，但若不和，即便大富大贵，也可能走向衰微，即所谓兄弟和，虽穷氓小户必兴；兄弟不和，虽世家必败。因此，在曾国藩的治家之道中将“孝”“友”二者紧密结合，并贯彻于具体的治家实践中，使其现实化、具体化，也正是他“爱敬兼至，此足卜家道之兴”的思想，成就了曾氏家族父慈子孝、兄友弟恭的兴旺。

思考寄语

孝，指对父母还报的爱；悌，指兄弟姊妹的友爱。孔子非常重视孝悌，认为孝悌是做人、做学问的根本。可以说，孝悌一直是我国的优良文化传统。然而，当代家庭特殊的构成模式，逐渐造成了家庭教育中人与人之间亲情与关爱的缺失。在此背景下，重拾我们优秀的文化传统，就显得越发重要与迫切了。

13 聊斋志异·义犬（一）

诵读主体

潞安某甲，父陷狱将死。搜括囊蓄，得百金，将诣郡关说。跨骡出，则所养黑犬从之。呵逐使退，既走，则又从之，鞭逐不返，从行数十里。某下骑，趋路侧私焉，既乃以石投犬，犬始奔去。某既行，则犬歘然复来，啮骡尾足。某怒鞭之，犬鸣吠不已，忽跃在前，愤龁骡首，似欲阻其去路。某以为不祥，益怒，回骑驰逐之，视犬已远，乃返辔疾驰。抵郡已暮。及扪腰橐，金亡其半。涔涔汗下，魂魄都失。辗转终夜，顿念犬吠有因。候关出城，细审来途。又自计南北冲衢，行人如蚁，遗金宁有存理？逡巡至下骑所，见犬毙草间，毛汗湿如洗。提耳起视，则封金俨然。感其义，买棺葬之，人以为义犬冢云。

知人论世

蒲松龄（1640—1715），清代杰出的文学家，字留仙，一字剑臣，别号柳泉居士，世称聊斋先生，山东淄川（今山东淄博）人。蒲松龄一生热衷功名，醉心科举，但他除了19岁时应童子试曾连续考中县、府、道三个第一，补博士弟子员外，以后屡受挫折，一直郁郁不得志。他一面教书，一面应考，坚持了40年，到71岁时才援例出贡，补了个岁贡生，4年后便死去了。一生的坎坷遭遇使蒲松龄对当时政治的黑暗和科举的弊端有了一定的认识，生活的贫困使他对广大劳动人民的生活和思想有了一定的了解和体会。因此，他以自己的切身感受写下了不少著作，今存除《聊斋志异》外，还有《聊斋文集》和《诗集》等。

《聊斋志异》中有两篇名为《义犬》的故事，一只忠人之事，一只舍命报恩，本篇讲述的就是那只忠人之事的忠义之犬。

阅读鉴赏

本篇写某甲的义犬为主人失金而奔吠，最终护金而死。它从主人和犬两方面落笔，主人为救父亲赴郡，无须犬相随犬竟相随。初并不为主人失金，而是依恋主人。在这段反复写犬为主人所驱赶时，主人有一连串的动作：呵逐、鞭逐、投石以逐、回马驱逐，动作不断升级，表现了主人的愤怒；犬则是：退、从之、奔去复来，以致用牙齿咬主人骡子的尾巴和脚，呜吠不已来阻止主人之行。他们各自的行为表现了各自的情态，二者之间存在着犬不能用语言表达、主人不能用语言传达的隔膜，凸显了主人的怒气和犬的一次次努力。转折的发生让主人知道好不容易搜集积蓄得来的百金丢失了一半以后，想起犬吠定有原因。于是他便按原路寻找，发现犬护金而死。

思考寄语

在这个物欲横流的时代，我们更需要一种精神，一种见义勇为、拾金不昧的精神，更要有我们中国人特有的气质和品格。这一切需要我们自己不断去思考、领会，从我们的古籍中去体悟，从我们前人的言行中去学习。我们需要构建和谐社会，而这样的和谐社会从哪里来，我们每个人都需细细斟酌，努力为构建和谐社会贡献一份力量。

14 聊斋志异·义犬（二）

诵读主体

周村有贾某，贸易芜湖，获重资。赁舟将归，见堤上有屠人缚犬，倍价赎之，养豢舟上。舟人固积寇也，窥客装，荡舟入莽，操刀欲杀。贾哀赐以全尸，盗乃以毡裹置江中。犬见之，哀嗥投水，口衔裹具，与共浮沉。流荡不知几里，达浅搁乃止。

犬泅出，至有人处，狺狺哀吠。或以为异，从之而往，见毡束水中，引出断其绳。客固未死，始言其情。复哀舟人，载还芜湖，将以伺盗船之归。登舟失犬，心甚悼焉。抵关三四日，估楫如林，而盗船不见。

适有同乡估客将携俱归，忽犬自来，望客大嗥，唤之却走。客下舟趁之。犬奔上一舟，啮人胫股，挞之不解。客近呵之，则所啮即前盗也。衣服与舟皆易，故不得而认之矣。缚而搜之，则裹金犹在。

呜呼！一犬也，而报恩如是。世无心肝者，其亦愧此犬也夫！

知人论世

《聊斋志异》简称《聊斋》，俗名《鬼狐传》，是中国清朝著名小说家蒲松龄创作的文言短篇小说集。《聊斋志异》的意思是在书房里记录奇异的故事，“聊斋”是他的书斋名称，“志”是记述的意思，“异”是指奇异的故事。全书共有短篇小说491篇。它们或揭露封建统治的黑暗，或抨击科举制度的腐朽，或反抗封建礼教的束缚，具有丰富深刻的思想内容。

《聊斋志异》中有两篇名为《义犬》的故事，一只忠人之事，一只舍命报恩，本篇讲述的就是那只舍命报恩的忠义之犬。

阅读鉴赏

译文：

周村有个人贾某，在芜湖那做生意赚了大钱，雇了一艘小船将要回家。在渡口时看到堤上有个屠夫绑着一只狗（准备杀它），贾某于是出双倍价钱把那只狗买了下来，养在船上。（岂知）那船夫是个惯匪，看到贾某身上的财物（起了贪念），他把船划到蒹葭、芦苇丛生的偏僻处，拿起刀要杀他。贾某哀求他赐自己一个全尸，强盗于是用毛毡把他裹起来，抛入江中。贾某原先救的那只狗看见了，哀叫着也跳入了江中；用口咬着裹着贾某的毛毡，和它一起浮沉。这样也不知漂流了多远，到达浅水区搁浅了才停下。狗从水里爬出来，到了有人的地方，不停地哀叫。有些人看了，十分奇怪，于是跟着狗一起走，看见了毛毡搁在水中，于是把它拉上岸来，割断绳子。贾某居然没死，（他）把当时的情形告诉了救他上来的那些人。哀求船夫将他载回芜湖，以等候那强盗的船回来。贾某上了船后，发现救他的那只狗不见了，心里十分悲痛。到了芜湖三四天，商船十分多，就是不见原来那强盗的船。刚好有个同乡商人将和他一起回家，突然那只狗出现了，朝着贾某大叫，贾某大声喝它也不走。贾某于是下船来追那狗。那狗跑上一艘船，咬着一个人的大腿，那人打它，它也不松口。贾某走上前去呵斥它，突然发现那狗咬的人就是先前的那个强盗。（因为）他的衣服和船都换过了，所以认不出来。于是把那人绑起来，搜他的身，发现（自己的）那包财物还在。啊！一只狗，为了报恩都能这样做。世上那些没良心的人，跟这只狗相比也得羞愧啊！

一只即将被屠夫杀掉的狗，被一个商人救了下来。当这个商人遇到危险的时候，狗“哀嗥投水，口衔裹具，与共浮沉”，到岸边后，喊人来救了商人的性命，并且设法帮助商人抓住了仇人。一只狗，因为商人的救命之恩，报恩至此，足以使那些不知感恩，对他人思索觉得理所当然，甚至恩将仇报的人汗颜、反思。

思考寄语

“感恩”是我们中华民族的传统美德。当我们帮助他人、服务社会的时候，并不要求对等的回报。但当我们受到他人帮助时，却有责任长存感恩的心，对他人的帮助回以感谢或报偿，这是社会和道德公正的必然要求。也唯有如此，我们这个社会才能成为一个温暖的大家庭。

15 博学之

诵读主体

博学之，审问之，慎思之，明辨之，笃行之。有弗学，学之弗能，弗措也。有弗问，问之弗知，弗措也。有弗思，思之弗得，弗措也。有弗辨，辨之弗明，弗措也。有弗行，行之弗笃，弗措也。人一能之，己百之；人十能之，己千之。果能此道矣，虽愚必明，虽柔必强。

知人论世

《博学之》选自《礼记·中庸》。《礼记》又名《小戴礼记》《小戴记》，成书于汉代，为西汉礼学家戴圣所编。《礼记》是中国古代一部重要的典章制度选集，书中内容主要是写先秦的礼制，体现了先秦儒家的哲学思想、教育思想、政治思想、美学思想，是研究先秦社会的重要资料，是一部儒家思想的资料汇编。《礼记》章法谨严，映带生姿，文辞婉转，前后呼应，语言整饬而多变，是“三礼”之一、“五经”之一、“十三经”之一。其中记载的古代文化史知识及思想学说，对儒家文化的传承、当代文化教育和德性教养以及社会主义和谐社会的建设有重要影响。

《中庸》是儒家经典的“四书”之一。《中庸》原是《礼记》中的一篇。作者为孔子后裔子思，后经秦代学者修改整理。《中庸》是被宋代学人提升到突出地位上的，宋代探索中庸之道的文章不下百篇，北宋程颢极力尊崇《中庸》。南宋朱熹又作《中庸章句》，并把《中庸》和《大学》《论语》《孟子》并称为“四书”。宋、元以后，《中庸》成为学校官定的教科书和科举考试的必读书，对古代教育产生了极大的影响。中庸就是既不善也不恶的人的本性。从人性来讲，就是人性的本原，人的智慧本性。实质上用现代文字表述就是“临界点”，这就是难以把握的“中庸之道”。

阅读鉴赏

译文：

广博地学习，谨慎地求问，慎重地思考，明白地分辨，笃诚地践行。要么不学，学了没有学会决不罢休；要么不问，问了没有懂得决不罢休；要么不想，想了没有想通决不罢休；要么不分辨，分辨了没有明确决不罢休；要么不实行，实行了没有成效决不罢休。别人一次能够做到的，自己用一百次能够做到；别人十次能够做到的，自己用一千次能够做到。若果真能够按此道而行，虽然愚昧也一定能够变得明智，虽然柔弱也一定能够变得强大。

子思在《礼记·中庸》第20章19条中说："博学之，审问之，慎思之，明辨之，笃行之。"这说的是为学的几个层次，或者说是几个递进的阶段。"博学之"意指求学首先要广泛地猎取知识，培养充沛而旺盛的好奇心。好奇心丧失了，为学的欲望也会随之而消亡，博学遂为不可能之事。"博"还意味着博大和宽容，唯有博大和宽容，才能兼容并包，使为学具有世界眼光和开放胸襟，真正做到"海纳百川、有容乃大"，进而"泛爱众，而亲仁"。因此博学才能成为为学的第一阶段。跳过这一阶段，为学就是无根之木、无源之水。"审问"为第二阶段，有不明就要追问到底，要对所学加以怀疑。问过以后还要通过自己的思想活动来仔细考察、分析，否则所学就不能为自己所用，这就是第三阶段"慎思"。"明辨"为第四阶段。学是越辨越明的，不辨，那么所谓"博学"就会鱼目混珠，真伪难辨，良莠不分。"笃行"是为学的最后阶段，就是既然学有所得，就要努力践履所学，使所学最终有所落实，做到"知行合一"。"笃"有忠贞不渝，踏踏实实，一心一意，坚持不懈之意。只有有明确的目标、坚定的意志的人，才能真正做到"笃行"。

思考寄语

博、审、慎、明、笃，这五个字很好地诠释了学习上治学求进的道理。古人谈学习的五个方面，不管是学习书本知识，还是学习某种技能，都需要经过长久的坚持、付出才能完成。这段话不是对天才，而是对一般人说的。反观当下不少人，他们习惯了短视频、习惯了游戏，很难静下心来，去长久地思考、学习。对照古人，这不应该值得深思吗？

16 鲁学士祝寿

诵读主体

赵司成，号类庵，京师人。一日过鲁学士铎邸。鲁曰：“公何之？”赵曰：“忆今日为西涯先生诞辰，将往寿也。”鲁问：“公何以为贽？”赵曰：“帕二方。”鲁曰：“吾贽亦应如之。”入启笥，无有，踌躇良久，忆里中曾馈有枯鱼，令家人取之。家人报已食，仅存其半。鲁公度家无他物，即以其半与赵俱往称祝。西涯烹鱼沽酒，以饮二公，欢甚，即事倡和而罢。

古以束脩为礼之至薄，若枯鱼而止半，太不成文矣！子犹曰：“西涯公亦不全靠鲁学士祝仪。”

知人论世

冯梦龙（1574—1646），字犹龙、耳犹、子犹，号龙子犹、茂苑外史、顾曲散人、姑苏词奴、平平阁主人、墨憨斋主人等。南直隶苏州府长洲县人。明代文学家、思想家、戏曲家。出身于士大夫家庭，与兄冯梦桂、弟冯梦熊并称“吴下三冯”。冯梦龙以其对小说、戏曲、民歌、笑话等通俗文学的创作、搜集、整理、编辑，为中国文学作出了独特的贡献。

《古今谭概》又名《古今笑史》《古今笑》《谈概》，是由冯梦龙编写的笔记小说。内容大多是历代的典故，如著名的“州官放火”。本书是一部笑话集，也是一部幽默小品集，共分36部。作者从历代正史及野史笔记中搜集了大量可笑有趣的故事，揭露了社会丑恶现象及各种怪态、病态，既可使读者消遣自娱，也可以益智自警，是一部很具启发意义的读物。

阅读鉴赏

译文：

赵司成，号类庵，是京师人。一日到学士鲁铎的府邸。鲁铎问：“您到哪儿去？”赵司成说：“想起今天是西涯先生的诞辰，去给他祝寿啊。”鲁铎问：“拿什么作为见面礼呢？”赵司成说：“两方手帕。”鲁铎说：“我的见面礼也应该这样。”到屋里开箱一看，没有。他想了很长时间，忽然想起家中有别人送的干鱼，叫家人拿来。家人回报说已经吃了，只剩下半条。鲁公考虑家里没有什么其他的东西，就拿着那半条鱼与赵永前去祝寿。西涯为他们烹鱼买酒，招待两位。大家非常愉快，并用这件事互相作诗酬唱，然后各自回家。

古代用一束干肉作为见面礼已经微薄了，如果干鱼仅有半条，太没法交代了！子犹说：“西涯公也不全依靠鲁学士的见面礼。”

文中的西涯先生就是李东阳，明中叶重臣，文学家、书法家，茶陵诗派核心人物。

这篇文章出自《古今谭概》“贫俭部”第十三，写的是一篇祝寿的小故事。古人有束脩之礼，即古代民间上下级、师生、亲戚、朋友之间相互馈赠礼物。鲁学士和赵司成去西涯先生家为他祝寿，准备什么礼物好呢？赵司成准备了两条手帕，鲁学士则是带了半条剩下的咸鱼。连作者冯梦龙都感叹道：“古代用一束干肉作为见面礼已经微薄了，如果干鱼仅有半条，太没法交代了！”但寿礼的主人西涯先生却很高兴，三人把酒言欢，尽兴而归。从这个故事可以看出三人不拘小节、随性率真、看重友谊、不重物质、真诚待人的性格特点。对于鲁学士和赵司成来说，他们没有因为西涯先生身居高位而曲意逢迎，特意备上精美贵重的礼物；对于西涯先生来说，没有什么比朋友真心实意来祝寿、共饮三杯更值得高兴的事了。至于礼物，无须贵重，代表的只是一番心意。而且他的这番高兴不是作假，立马买酒招待朋友，可见他们彼此之间的真诚相待。

思考寄语

《礼记·少仪》里说：“其以乘壶酒、束脩、一犬赐人。”《论语·述而》里说：“子曰：‘自行束脩以上，吾未尝无诲焉。’”由此可见，束脩之礼在我国从春秋之时就已经存在了。我们今天也宴宾客，相互之间也赠送礼物，却少了古人的随性率真，少了相互之间的理解与尊重；反而冥思苦想，成为烦恼，甚至形成了攀比之风，古人充满人情味的束脩之礼已经变味。我们应学习古人的风范，真诚待人，重情感、轻物质、不攀比，让人际交往变得舒适而温暖。

17 诫兄子严敦书

诵读主体

初，援兄子严、敦并喜讥议，而通轻侠客。援前在交趾，还书诫之曰："吾欲汝曹闻人过失，如闻父母之名，耳可得闻，口不可得言也。好论议人长短，妄是非正法，此吾所大恶也，宁死不愿闻子孙有此行也。汝曹知吾恶之甚矣，所以复言者，施衿结褵，申父母之戒，欲使汝曹不忘之耳！

"龙伯高敦厚周慎，口无择言，谦约节俭，廉公有威。吾爱之重之，愿汝曹效之。杜季良豪侠好义，忧人之忧，乐人之乐，清浊无所失。父丧致客，数郡毕至。吾爱之重之，不愿汝曹效也。效伯高不得，犹为谨敕之士，所谓'刻鹄不成尚类鹜'者也。效季良不得，陷为天下轻薄子，所谓'画虎不成反类狗'者也。讫今季良尚未可知，郡将下车辄切齿，州郡以为言，吾常为寒心，是以不愿子孙效也。"

知人论世

本文节选自《后汉书》卷二十四《马援传》。

马援（前14—49），字文渊。扶风茂陵（今陕西兴平）人。著名军事家，东汉开国功臣之一。新朝末年，天下大乱，马援为陇右军阀隗嚣的属下，甚得隗嚣的信任。归顺光武帝刘秀后，为刘秀的统一战争立下了赫赫战功。天下统一之后，马援虽已年迈，但仍请缨东征西讨，西破陇羌，南征交趾，因功封新息侯。其老当益壮、马革裹尸的气概甚得后人崇敬。后于讨伐五溪蛮时身染重病，不幸去世。因梁松诬陷，死后被光武帝收回新息侯印绶，直到汉章帝时为其平反，追谥"忠成"。

马严、马敦兄弟俩是马援二哥马余的儿子。兄弟俩的身世悲凉，马严7岁时，父亲马余卒于扬州牧任内；8岁时，母亲也辞世西归。两个小孩突遭大变，父母双亡，寄养在时任梧安侯相的表兄曹贡家。汉光武帝建武四年（28），马援随刘秀东征，路过梧安，将马严兄弟带回洛阳。这时马严已经13岁了。以孝悌传家的马援，将兄子视同己出，严加教诲。此封家书就是经典事例。

阅读鉴赏

译文：

我的兄长的儿子马严和马敦，都喜欢谈论别人的事，而且爱与侠士结交。我在前往交趾的途中，写信告诫他们："我希望你们听说了别人的过失，像听见了父母的名字：耳朵可以听见，但嘴中不可以议论。喜欢议论别人的长处和短处，胡乱评论朝廷的法度，这些都是我最深恶痛绝的。我宁可死，也不希望自己的子孙有这种行为。你们知道我非常厌恶这种行径，所以我是一再强调的。就像女儿在出嫁前，父母一再告诫的一样，我希望你们牢牢记住。"

"龙伯高这个人敦厚诚实，说出的话没有什么可以指责的。谦约节俭，待人又不失威严。我爱护他，敬重他，希望你们向他学习。杜季良这个人豪侠好义，有正义感，把别人的忧愁作为自己的忧愁，把别人的快乐作为自己的快乐，无论什么人都结交。他的父亲去世时，来了很多人。我爱护他，敬重他，但不希望你们向他学习。(因为)学习龙伯高不成功，还可以成为谨慎谦虚的人。就所谓"刻鹄不成，尚类鹜"。而一旦学习杜季良不成功，那你们就成了纨绔子弟。就所谓"画虎不成，反类狗"。到现今杜季良还不知晓，郡将到任就怨恨他，百姓的意见很大。我常常为他寒心，这就是我不希望子孙向他学习的原因了。"

东汉名将马援在军中听说兄子马严、马敦二人好评人短长，论说是非，于是写了这封信进行劝诫。在信中，他教导严、敦二人不要妄议别人的过失短长，这是他平生最厌恶的，也不希望后辈染此习气。接下来，马援举龙伯高和杜季良两人为例，指出两人虽都德行廉正，不过严、敦二人可以龙伯高为榜样，却不要学习杜季良。原来龙伯高性格敦厚，做事慎重周详，言语谨慎，谦逊节俭，廉能公正而有威望。而杜季良虽然豪侠仗义，但稳重不足，故招来某些人的嫉恨。

马援认为，学习龙伯高，即使学不成也不至于虚伪，至少能成为诚实勤勉之士，正所谓"刻鹄不成还可以像只鸭"；而如果学习杜季良学不到家，就会"画虎不成反成犬"，成为轻浮之人，将来难以立于世上。

马援的这封《诫兄子严敦书》虽然字数不多，但在我国书信体散文发展史上占有重要的地位。它是书信体散文发展到汉代更趋成熟的标志，即摆脱了以往书牍文以奏表为主的公文特征，完全呈现出私人信件所内存的真挚、实在、情真意切的特点。

统观全信，视野开阔，对人生有深刻的体悟，处事待人宽厚大度，体现了大将风范。而且语言通俗易懂，口气亲切果断，观点具体明确，感情真挚深沉，生动地体现了一位长辈对晚辈进行谆谆教诲的强烈责任感。

思考寄语

家训，是中国传统文化的重要组成部分，也是家庭中的重要组成部分，它在中国历史上对个人的修身、齐家发挥着重要的作用。最为人称道的名训，如颜氏家训、朱子治家格言、诸葛亮的《诫子书》等，至今脍炙人口。家训推崇的忠孝节义、教导的礼义廉耻等一直为世人所重。马援的这篇《诫兄子严敦书》所强调的厚道谨慎，不随便论人长短；恭谦节俭、廉明公正；豪侠好义，不做轻薄之人等对于今天的我们都是有一定意义的。

18 复活的土地

诵读主体

腐朽的日子
早已沉到河底，
让流水冲洗得
快要不留痕迹了；
河岸上
春天的脚步所经过的地方，
到处是繁花与茂草；
而从那边的丛林里
也传出了
忠心于季节的百鸟之
高亢的歌唱。
播种者呵
是应该播种的时候了，

为了我们肯辛勤地劳作
大地将孕育
金色的颗粒。
就在此刻，
你——悲哀的诗人呀，
也应该拂去往日的忧郁，
让希望苏醒在你自己的
久久负伤着的心里：
因为，我们的曾经死了的大地，
在明朗的天空下
已复活了！
——苦难也已成为记忆，
在它温热的胸膛里
重新漩流着的
将是战斗者的血液。

知人论世

艾青（1910—1996），原名蒋海澄，字养源。曾用笔名莪加、克阿、林壁等。出生于浙江金华，现当代文学家、诗人、画家。

1928年中学毕业后考入杭州国立西湖艺术学院。1933年第一次用笔名发表长诗《大堰河——我的保姆》。1932年在上海加入中国左翼美术家联盟，从事革命文艺活动。1935年，出版了第一本诗集《大堰河》。1957年曾赴黑龙江、新疆生活和劳动，创作中断了20余年。1979年后，任中国作家协会副主席、国际笔会中心副会长等职。1985年获法国文学艺术最高勋章。艾青被认为是中国现代诗的代表诗人之一。主要作品有《大堰河——我的保姆》《艾青诗选》。

1937年7月6日，艾青在沪杭路车厢里写下这首《复活的土地》，诗人预言伟大的抗日民族解放战争即将来临。他的预言得到了证实，第二天在古老的卢沟桥响起了划破历史长空的枪声。

阅读鉴赏

《复活的土地》写了腐朽的日子、河岸、播种者等意象，突出了诗人对新时代的憧憬与向往，预言伟大的抗日民族解放战争即将来临，也体现了诗人对解放的向往与爱国之情。这首诗共分为四节，一、二节主要是写景，借景抒情。

第一节开篇“腐朽的日子早已沉到河底，让流水冲洗得快要不留痕迹了”，即点明主旨——腐朽的日子，即水深火热的生活即将结束，光明的日子，即中华民族的解放即将来临；第二节，诗人则描写了光明的日子的具体景象，这里的“河岸”就是指新的复活的土地，因为那些苦难的日子所造成的死去的土地已经埋葬到了河底，而河岸上的一片欣欣向荣的春景，则是诗人心中光明的日子的意象，如“繁花”“茂草”等，同时也抒发了作者对时局的乐观的愿景。

诗的第三节，作者进一步抒发了主旨，其中的最后几句，作者则是在自我勉励，“悲哀的诗人”就是指作者自己，作者勉励自己拂去往日的忧郁，让希望苏醒在自己久久负伤的心里，也就是暗示光明即将到来。同时，这几句也可以理解为借勉励自己来勉励人民大众。

诗的最后一节，作者回归点题，直接点出曾经死了的大地已经复活，“战斗者的血液”就是新的时代争取新的解放的战斗。最后一节更将主旨表现出来，达到了渲染主旨的艺术效果。

思考寄语

“黑夜给了我黑色的眼睛，我却用它寻找光明”，近代的中国沦为半封建半殖民地，这是历史的悲剧，当时的每个中国人都是这场灾难的被动承受者。但在这黑暗的岁月中，诗人以主人翁的积极，以敢于向“黑夜”宣战、寻找光明的精神，看到了希望，坚信未来必定美好。近代灾难深重的国家民族如今早已得到新生，中国人民正走在从站起来、富起来到强起来的大道上，我们有什么理由不去珍惜、不去努力创造更加美好的生活呢？

业道酬精　职场赢家

1 梓庆为鐻

诵读主体

梓庆削木为鐻，鐻成，见者惊犹鬼神。鲁侯见而问焉，曰："子何术以为焉？"对曰："臣工人，何术之有！虽然，有一焉。臣将为鐻，未尝敢以耗气也，必齐以静心。齐三日，而不敢怀庆赏爵禄；齐五日，不敢怀非誉巧拙；齐七日，辄然忘吾有四枝形体也。当是时也，无公朝，其巧专而外滑消。然后入山林，观天性，形躯至矣，然后成见鐻，然后加手焉；不然则已，则以天合天。器之所以疑神者，其由是与！"

知人论世

庄子（约前369—前286），庄氏，名周，字子休（一作子沐），蒙（今安徽蒙城，又说河南商丘、山东东明）人。先秦（战国）时期伟大的思想家、哲学家、文学家。

庄子原系楚国公族，楚庄王后裔，后因乱迁至宋国，是道家学说的主要创始人之一。与道家始祖老子并称为"老庄"。他们的哲学思想体系，被思想学术界尊为"老庄哲学"，然庄子文采更胜老子。代表作《庄子》被尊崇者演绎出多种版本，名篇有《逍遥游》《齐物论》等。主张"天人合一"和"清静无为"。

庄子的想象力极为丰富，语言运用自如，灵活多变，能把一些微妙难言的哲理说得引人入胜。他的作品被人称为"文学的哲学，哲学的文学"。据传，庄子曾隐居南华山，故唐玄宗天宝初，诏封庄周为南华真人，称其著书《庄子》为《南华真经》。

阅读鉴赏

译文：

有位叫庆的木工用木头雕削鐻（一种乐器），做成之后，看见的人无不惊诧，都以为是鬼斧神工。鲁侯召见庆，问他道："你是用什么样的法术做成的呀？"庆回答说："我是一个普通的工匠，哪有什么法术！尽管是这样，还是有一点可以说说的。我准备做镰的时候，从来不敢分散自己的精力，并且定要斋戒，使心神清静。斋戒三天后，就不再想赏赐和爵禄；斋戒五天后，不再想他人对我的赞扬和诽谤；斋戒到了第七天，甚至连自己的四肢和身体也忘掉了。当这个时候，我忘了朝廷的事情，只聚精会神于钻研工艺上，外界的一切纷乱全都抛弃了。然后我才到山林里去，仔细观察树木的形态和木质，看到有的树木资质完全符合做镰的要求，在我的脑子里好像有了一个完整的镰出现在眼前；最后才动手去做。如果不是这样，就宁可不动手。以树木的天然资质去配合做镰的客观要求，我所制作的镰被人怀疑是依靠神奇的法术做成的，恐怕就是这个缘故吧！”

一个人要做成一件事情，需排除杂念，全力以赴，穿越三个阶段：忘利、忘名、忘我，才可能做好，做到极致。

思考寄语

庆是一位技艺超群的工匠，他身上有着敬畏专注、严谨耐心、坚持专一、细致完美的工匠精神。工作中训练自己忘乎一切，完全进入专心创造的心境，如果经常进入这样的忘我境界，也便能够得道了。

2 挖井之僧

诵读主体

从前，在两座山上分别住着一个和尚和一位道士。和尚与道士几乎每天都在同一时间，来到山谷的小溪挑水。天长日久，两人因挑水而成了好友。

光阴荏苒，一转眼过了五年。忽然有一天，和尚没再下山挑水。一开始，道士没在意，认为和尚有事误了挑水。谁料，一个月过去了，依旧不见和尚的踪影，道士这才担心起来，决定前往庙里探视他的老友。

道士气喘吁吁来到山顶庙门前，竟然看见和尚正躺在树荫下的藤椅上，悠闲地品着茶。看到道士登门，和尚赶紧起身相迎。道士问：“你一个月没下山挑水了，哪来的水沏茶？”和尚笑而不答，拉着道士的手来到后院。让道士大感意外的是，院中居然有一口井。和尚指着井说：“五年来，我每天做完功课后，都要抽空挖这口井，能挖多少算多少。如今，终于让我挖出了水，我也就不必再下山挑水了。”

知人论世

这是一则寓言故事，是民间智慧的结晶，阐述了“一分耕耘，一分收获”的道理。故事短小，却蕴含深刻的生活哲理，给人以深刻的启示。

阅读鉴赏

和尚和道士每天一起下山挑水，以解决吃水问题。但有所不同的是，道士每天只知道挑水，没有做其他任何努力；和尚却有更长远的打算，在挑水之余坚持挖井，经过五年时间辛勤工作，终于挖出了一口井，从根本上解决了吃水的问题。

通过和尚与道士的对比，这个故事告诉我们一个道理：积少成多，贵在坚持。对未来有清晰的规划，并能付出坚持不懈的努力，才能够赢得更好的生活。

思考寄语

真是“一分耕耘，一分收获”呀！文中的和尚每天有时间就挖一点，终于挖出一口井，不用再每天辛劳地下山挑水了。如果我们也能在学习工作之余，每天抽出时间来挖一口属于自己的井，比如阅读有益的课外书籍，能读多少算多少，或者学习一项技能，每天能学多少算多少，长久坚持下去，也会积累不少知识，大大提升自己的实力呢！

3 杜　甫

诵读主体

星垂平野阔，
月涌大江流。
——杜甫

你的深仁大爱容纳下了
那么多的太阳和雨水；那么多的悲苦
被你最终转化为歌吟
无数个秋天指向今夜
我终于爱上了眼前褪色的
街道和松林
在两条大河之间，在你曾经歇息的
乡村客栈，我终于听到了
一种声音：磅礴，结实又沉稳
有如茁壮的牡丹迟开于长安
在一个晦暗的时代
你是唯一的灵魂
美丽的山河必须信赖
你的清瘦，这易于毁灭的文明
必须经过你的触摸然后得以保存
你有近乎愚蠢的勇气
倾听内心倾斜的烛火
你甚至从未听说过济慈和叶芝
秋风，吹亮了山巅的明月
乌鸦，撞开你的门扉
皇帝的车马隆隆驰过
继之而来的是饥饿和土匪
但伟大的艺术不是刀枪

它出于善，趋向于纯粹
千万间广厦遮住了地平线
是你建造了它们，以便怀念那些
流浪中途的妇女和男人
而拯救是徒劳，你比我们更清楚
所谓未来，不过是往昔
所谓希望，不过是命运

知人论世

西川，原名刘军，当代诗人。现执教于中央美术学院人文学院。他和海子、骆一禾被誉为“北大三诗人”。出版作品有《深浅》《大河拐大弯》等。其创作和诗歌理念在当代中国诗歌界影响广泛。

阅读鉴赏

这首诗写于1989年，这是一个现代诗人与古代诗人的灵魂对话。

诗中，西川谈到了杜甫悲天悯人的情怀和他在生活和诗歌中表现出的坚韧。他的诗歌一开头就探讨了杜甫的忍耐力及其对下层人民的认同。他宣称杜甫的声音吸引了他的注意，而这是一种“磅礴、结实又沉稳”的声音，就像“茁壮的牡丹迟开于长安”。 在诗歌里西川表示，杜甫是“一个晦暗的时代”里“唯一的灵魂”。

西川的诗有着“透明、纯粹和高贵的质地”，他用理性又深沉的语言，将读者带进了那个从繁荣走向衰败的大唐，让读者看到了那位饱经沧桑、关怀国计民生的现实主义诗人。杜甫背负着对于国家和民族命运的沉重责任感，忠实地描绘出时代的面貌和自己内心的悲哀，使诗歌深入地走向现实生活，走向人民。他的诗是时代的一面镜子，真实地反映了封建社会由盛而衰这一转变关头的苦难岁月，内容博大精深，风格沉郁顿挫。

杜甫在颠沛流离的逃难中还不忘写诗。他不仅仅是把诗歌当成了自己的日记，更是把诗歌当成了苦难生活中唯一能够抓住的东西。后世之所以仰慕杜甫，不是取他的悲凉和萧瑟，恰恰是他不论身躯如何危脆，境况怎样不堪，在他心里，那团理想之火始终不灭，熠熠生辉。

思考寄语

杜甫的所思所想，所恨所爱，所喜所忧，所悲所乐，都是广大老百姓心中所想，也是历代文人士大夫的心声，杜甫博大的仁爱精神、执着的政治信念、忧国忧民的忧患意识和强烈的社会责任感，早已成为中华民族性格当中重要的组成部分。青年一代应当感悟诗圣杜甫仁民爱物的高尚情怀，继承古圣先贤勇于承担社会责任的优良传统，仁善宽厚，坚韧执着。

4 与陶少云书

诵读主体

学业才识，不日进，则日退。须随时随事，留心着力为要。事无大小，均有一当然之理，即事穷理，何处非学？昔人云："此心如水，不流即腐。"张乖崖亦云："人当随事用智。"此为无所用心一辈人说法。果能日日留心，则一日有一日之长进；事事留心，则一事有一事之长进。由此累积，何患学业才识不能及人邪？

知人论世

左宗棠（1812—1885），字季高，一字朴存，号湘上农人。湖南湘阴人。晚清政治家、军事家、民族英雄，洋务派代表人物之一，与曾国藩等人并称"晚清中兴四大名臣"。

左宗棠曾就读于长沙城南书院，20岁乡试中举，在会试中屡试不第，但留意农事，遍读群书，钻研舆地、兵法。后由幕友而起，参与兴办洋务运动、镇压捻军，又主持平定陕甘之乱、收复新疆并推动新疆置省。其间，历任闽浙总督、陕甘总督、两江总督，官至东阁大学士、军机大臣，封二等恪靖侯。中法战争时，自请赴福建督师，光绪十一年（1885）在福州病逝，享年74岁。追赠太傅，谥号

“文襄”，入祀昭忠祠、贤良祠。

著有《楚军营制》《朴存阁农书》等，其奏稿、文牍等在晚清辑为《左文襄公全集》。

阅读鉴赏

译文：

学业和才识，一天不用心，就会有一天的差距，如同逆水行舟，不进则退。学习这件事需要时时留心、事事留意。任何事物不论大小，都有它自身的规律，凡事要推敲琢磨，只要用心到处都是学问。古人说：“心智如水，不流动就会腐朽。”张乖崖也曾说：“人应该根据事情来使用智力。”这是无所用心一辈人的说法。如果人能够日日留心，那么一天就有一天的进步，每件事都用心，那么一件事就有一件事的收获。日积月累下来，那还怕学业才识是比不上他人吗？

这篇书信，是民族英雄左宗棠写给女婿的信，属于教育晚辈进学的家书。左宗棠还未发迹之时，时任两江总督的陶澍便欣赏左的才能而与其结成儿女亲家。但左宗棠三试不第，想通过正途加官进爵已然无法实现。左宗棠没有放弃自己，他并不以考取进士为人生的唯一目标，在平常学习生活中时时用心，慢慢地积累才干，潜心历史、堪舆、经济、水利等经世致用之学，逐步蓄养才能本领，自诩“今亮”（诸葛孔明）。

这篇书信，虽然短短数言，却把治学之道表达得清晰透彻，那就是日日用功、时时留心、事事穷理，日积月累而才干自成。这种岳丈对女婿毫无保留的教诲，值得我们入脑入心。

思考寄语

晚清四大中兴名臣中，曾国藩与左宗棠并称“曾左”，两人走的不同的路，却殊途同归，位极人臣。曾国藩从庙堂之高而下野封侯，左宗棠从江湖之远而累功封疆。这篇小文，是左宗棠写给女婿陶桄的学习心得体会，岳父教育女婿当然是用心良苦，毫无保留的人生经验传授。所以比之于曾文正公大家长式的曾氏家书，左季高的人生履历更值得我们普通人践悟。学业才识，不日进，则日退。他作为老泰山教育女婿，希望女婿学习要日有所进，更要善于思考总结，以事达理，也就是古人所谓的格物致知。这篇文章是左氏的治学心得，何尝不是我们普通人学习之路的信条。

5 烛之武退秦师

诵读主体

晋侯、秦伯围郑，以其无礼于晋，且贰于楚也。晋军函陵，秦军氾南。

佚之狐言于郑伯曰："国危矣，若使烛之武见秦君，师必退。"公从之。辞曰："臣之壮也，犹不如人；今老矣，无能为也已。"公曰："吾不能早用子，今急而求子，是寡人之过也。然郑亡，子亦有不利焉。"许之。

夜缒而出，见秦伯，曰："秦、晋围郑，郑既知亡矣。若亡郑而有益于君，敢以烦执事。越国以鄙远，君知其难也。焉用亡郑以陪邻？邻之厚，君之薄也。若舍郑以为东道主，行李之往来，共其乏困，君亦无所害。且君尝为晋君赐矣，许君焦、瑕，朝济而夕设版焉，君之所知也。夫晋，何厌之有？既东封郑，又欲肆其西封，若不阙秦，将焉取之？阙秦以利晋，唯君图之。"秦伯说，与郑人盟。使杞子、逢孙、杨孙戍之，乃还。

子犯请击之，公曰："不可。微夫人之力不及此。因人之力而敝之，不仁；失其所与，不知；以乱易整，不武。吾其还也。"亦去之。

知人论世

左丘明生卒年不详，姓丘，名明，因其父任左史官，故称左丘明。春秋末期史学家、文学家、思想家、散文家。曾任鲁国史官，为解析《春秋》而作《左传》（又称《左氏春秋》），又作《国语》，两书记录了不少西周、春秋的重要史事，保存了具有很高价值的原始资料。被誉为"文宗史圣""经臣史祖"，孔子、司马迁均尊其为"君子"。历代帝王多有敕封：唐封经师；宋封瑕丘伯和中都伯；明封先儒和先贤。

左丘明是中国传统史学的创始人。史学界推左丘明为中国史学的开山鼻祖，被誉为"百家文字之宗、万世古文之祖"。左丘明的思想是儒家思想。

阅读鉴赏

《烛之武退秦师》选自《左传》。文章生动描述了秦、晋围郑，形势紧迫，千钧一发之际，郑臣烛之武凭借口舌之利说服秦伯，使秦转变对郑的态度，化敌为友，对晋以友为敌的故事。凭什么呢？关键在于烛之武所说的两点针对了秦的切身利益。首先，灭郑于秦有害无益。秦对郑鞭长莫及，若以郑为跳板，就为秦称霸提供了方便，更何况“亡郑以陪邻”，这对秦有什么好处呢？其次，也是更为重要的，晋有野心，烛之武列举了秦伯曾亲身领略过晋的反复无常，再进行科学的推理，使秦穆公恍然大悟——晋是大敌。烛之武用语不多，对秦穆公动之以情，晓之以理，以风烛残年三寸之舌，陈评利害而退百万之师，解除了郑国的危机。

这篇文章，赞扬了烛之武在国家危难之际，临危受命，不避险阻，只身犯险去游说秦君，维护了国家安全的大无畏精神。

思考寄语

在历史长河的众多说客中，烛之武是神一样的存在。《烛之武退秦师》一文，短短数字，却将郑国的命悬一线、烛之武的临危受命、秦穆公的心理变化一一呈现，不可谓不精彩纷呈。举重若轻地把在郑国怀才不遇而至终老的“弼马温”烛之武为了国家而深入虎穴智斗秦公的大戏码一气呵成，令人叹为观止。烛之武虽怀才不遇，但在国家危难面前，他没有怨天尤人，而是主动担当，在风烛残年之时仍散发出耀眼的光芒长明于五千年历史长河。一口伶牙可抵七尺长剑，三寸巧舌能退百万雄师。烛之武的厉害之处在于他善于抓住事件的主要矛盾，善于站在对方的立场思考问题，所以能更容易与对方拉近距离。正所谓己欲立而立人，己欲达而达人，我们在今后的工作和生活中，常常换位思考，往往事半功倍。

6 佝偻丈人承蜩

诵读主体

仲尼适楚，出于林中，见佝偻（gōu lóu）者承蜩（tiáo），犹掇（duō）之也。

仲尼曰："子巧乎！有道邪（yé）？"

曰："我有道也。五六月，累（lěi）丸二而不坠，则失者锱铢（zī zhū）；累三而不坠，则失者十一；累五而不坠，犹掇之也。吾处身也，若厥（jué）株拘；吾执臂也，若槁木之枝。虽天地之大，万物之多，而唯蜩翼之知。吾不反不侧，不以万物易蜩之翼，何为而不得！"

孔子顾谓弟子曰："用志不分，乃凝于神，其佝偻丈人之谓乎！"

知人论世

本文选自《庄子·外篇·达生》。作者是庄子（约前369—约前286），名周，战国时期宋国蒙（今河南商丘）人，著名思想家、哲学家、文学家，道家学派代表人物，与老子并称"老庄"。其作品收录于《庄子》，代表作有《逍遥游》《齐物论》《养生主》等。其文想象丰富奇特，语言运用自如，灵活多变，能把微妙难言的哲理写得引人入胜，被称为"文学的哲学，哲学的文学"。

阅读鉴赏

译文：

孔子前往楚国，在一片树林中，看见一个驼背老人正举着竿子粘捕树上的蝉，就好像在地上拾取一样容易。

孔子问道："您真灵巧啊！有什么诀窍吗？"

驼背老人答道："我有诀窍啊。五六月间，在竿头上叠放两个粘丸，这两个粘丸不掉下来了，然后再去粘蝉，那么失手的概率就很小了；后来在竿头上叠放三个粘丸，不掉下来了，然后再去粘蝉，失手的机会只有十分之一。再后来在竿头上叠放五个粘丸，这五个粘丸仍不掉下来，然后再去粘蝉，就好像在地上拾取一样容易了。（粘蝉时）我的身子站定在那，就像没有知觉的断木桩子；我举竿的手臂就像枯木的树枝。即使天地很大，万物繁多，但我只一心注意着蝉的翅膀。我不回头不侧身，绝不因纷繁的万物而改变对蝉翼的注意，这样怎么会捕不到蝉呢！”

孔子回头对弟子们说：“用心专一，思想才能高度集中，大概说的就是这位驼背老人吧！”

这则寓言借佝偻丈人捕蝉的故事，说明了只要专心致志地做一件事，就能够获得纯熟高超的技巧的道理。

对待工作，有人“当一天和尚撞一天钟”，敷衍了事；也有人“板凳甘坐十年冷”，敬业专注。到最后，前者庸庸碌碌，一事无成，而后者技艺精湛，成绩斐然。只有保持专注，用心去做，才能日益精进，终有大成。

清代纪晓岚说：“心心在一艺，其艺必工；心心在一职，其职必举。”只要你能够倾一生的时光与精力，倾一生的思维与智慧，把一件事做到极致，那么你就能成功。只可惜世上不知多少聪明人，一生都没有做好一件事。而若是知道自己有些事做不来，就专注于自己能做的事，也不失为明智之举。

思考寄语

真正敬业的人，必然十分专注。他们凡是做一件事，便忠于一件事，将全副精力集中到这件事上，一点不旁骛。这样才能把事情做好，进而在平凡的岗位上做出不凡的成绩。

7 望 岳

诵读主体

岱宗夫如何？齐鲁青未了。
造化钟神秀，阴阳割昏晓。
荡胸生曾云，决眦入归鸟。
会当凌绝顶，一览众山小。

知人论世

杜甫（712—770），字子美，自号少陵野老，世称“杜工部”“杜少陵”等，河南府巩县（今河南巩义）人，唐代伟大的现实主义诗人。被世人尊为“诗圣”，其诗被称为“诗史”。

开元二十四年（736），24岁的杜甫开始过一种不羁的漫游生活，北游齐、赵（今河南、河北、山东等地），这首诗就是在漫游途中所作，也是现存杜诗中年代最早的一首。诗人到了泰山脚下，但并未登山，故题作《望岳》。

阅读鉴赏

译文：

作为五岳之首的泰山怎么样？在齐鲁大地上，那苍翠的美好山色没有尽头。大自然把神奇秀丽的景象全都汇聚其中，山南山北阴阳分界，晨昏迥然不同。望着那升腾的层层云气，心胸摇荡；睁大眼睛远望归鸟回旋入山，眼角好像要裂开一样。定要登上那最高峰，俯瞰在泰山面前显得渺小的群山。

首句“岱宗夫如何”把乍一望见泰山时，高兴得不知怎样形容才好的那种惊叹仰慕之情写得非常传神。

接下来“齐鲁青未了”，泰山之南为鲁，泰山之北为齐，这句以距离之远来烘托出泰山之高。

“造化钟神秀”的“钟”字运用拟人手法，想象神奇秀美的泰山是大自然的偏爱之作。

“阴阳割昏晓”的“割”字，则写出了高大的泰山一种主宰的力量。泰山以其高度将山南、山北的阳光割断，形成阴阳不同的景观，突出泰山遮天蔽日的高大形象。

“荡胸生曾云，决眦入归鸟”两句，“决眦”二字尤为传神，生动地体现了诗人在这神奇壮丽的景观面前像着了迷似的，为了看够，因而使劲地睁大眼睛眺望，故感到眼眶好似要开裂。“归鸟”是投林还巢的鸟，说明已是薄暮时分但诗人仍未离去，其中蕴藏着诗人对祖国河山的热爱之情。

最后，“会当凌绝顶，一览众山小”两句，写诗人并不满足看岳而是想登上山顶一览盛景的心情。此联号为绝响，把众山的小和泰山的高大进行对比，突出了泰山的高峻，泰山雄视群山的雄姿和气势如在眼前，也表现出诗人不怕困难、敢于攀登绝顶、俯视一切的雄心和气概。

本诗通过描绘泰山雄伟磅礴的景象，热情赞美了泰山高大巍峨的气势和神奇秀丽的景色，流露出了对祖国山河的热爱之情，表达了诗人不怕困难、敢攀顶峰、俯视一切的雄心和气概，以及卓然独立、兼济天下的豪情壮志。

思考寄语

青年杜甫卓越的创作才华令人钦佩，而诗中所展现的敢于进取、积极向上的人生态度更值得我们学习。青少年当志存高远，更应知行合一。

志存高远，就会自我激励，奋发向上，才有动力克服眼前的困难和自身的弱点去实现宏伟的志愿。但请记住：千里之行，始于足下。制定了远大的人生目标，还要有实际行动，要脚踏实地从基本的事做起，并持之以恒，这样才能成功。

8 素问·上古天真论（节选）

诵读主体

昔在黄帝，生而神灵，弱而能言，幼而徇齐，长而敦敏，成而登天。

乃问于天师[①]曰：余闻上古之人，春秋皆度百岁，而动作不衰；今时之人，年半百而动作皆衰者，时世异耶？人将失之耶？

岐伯对曰：上古之人，其知道者，法于阴阳，和于术数[②]，食饮有节，起居有常，不妄作劳，故能形与神俱，而尽终其天年，度百岁乃去。

今时之人不然也，以酒为浆，以妄为常，醉以入房，以欲竭其精，以耗散其真，不知持满，不时御神，务快其心，逆于生乐，起居无节，故半百而衰也。

夫上古圣人之教下也，皆谓之虚邪贼风，避之有时，恬淡虚无[③]，真气从之，精神内守，病安从来。

是以志闲而少欲，心安而不惧，形劳而不倦，气从以顺，各从其欲，皆得所愿。

故美其食，任其服，乐其俗，高下不相慕，其民故曰朴。

是以嗜欲不能劳其目，淫邪不能惑其心，愚智贤不肖，不惧于物，故合于道。

所以能年皆度百岁而动作不衰者，以其德全不危也。

知人论世

中医有上千年的历史，有着独特而完整的理论体系、切实可行的经验、确切的临床疗效。对中华民族人民健康和国家发展有着巨大的贡献，是中华民族与疾病斗争的经验总结。在近几十年引起了世界越来越多的关注。

中医的形成可以追溯到战国和秦汉时期。在中医长期发展中，古代医家以中国传统哲学为指导，持续从传统自然与社会科学中汲取知识，直到《黄帝内经》等中医四大经典的形成，标志着中医理论体系的形成。

作为中国最早、最伟大的医学经典之一，《黄帝内经》由众多医家共同完成。它的地位极其重要，以至于在数千年后，它仍然被视作中医最伟大的著作之一。

这部著作包括《素问》《灵枢》两部，内容涵盖人与自然的平衡，生理、病理以及疾病的诊断、预后与治疗。利用阴阳五行理论，建立了基于症状区别、季节变化、地理特点和个人情况的中医治疗原则。

阅读鉴赏

译文：

① 天师：黄帝对岐伯的尊称。

② 和于术数：指用合适的养生方法来调和身体。

③ 恬淡虚无：恬淡，指清闲安静；虚无，指心无杂念；恬淡虚无，指内心清闲安静而没有任何杂念。

从前的黄帝，生来十分聪明，很小的时候就善于言谈，幼年时对周围事物领会得很快，长大之后，既敦厚又勤勉，及至成年之时，登上了天子之位。他向岐伯问道：我听说上古时候的人，年龄都能超过百岁，动作不显衰老；现在的人，年龄刚至半百，而动作就都衰弱无力了，这是由于时代不同所造成的呢，还是因为今天的人们不会养生所造成的呢？

岐伯回答说：上古时代的人，那些懂得养生之道的，能够取法于天地阴阳自然变化之理而加以适应、调和养生的方法，使之达到正确的标准。饮食有所节制，作息有一定规律，既不妄事操劳，又避免过度的房事，所以能够形神俱旺，协调统一，活到天赋的自然年龄，超过百岁才离开人世；现在的人就不是这样了，把酒当水浆，滥饮无度，使反常的生活成为习惯，醉酒行房，因恣情纵欲而使阴精竭绝，因满足嗜好而使真气耗散，不知谨慎地保持精气的充满，不善于统驭精神、专求心志。而求的一时之快、违逆人生乐趣、起居作息毫无规律，所以到半百之年就衰老了。

擅长养生之道的古人告诉我们，要尽量避免违背养生之道的种种做法，降低过度的欲望，不以物喜不以己悲，不过度耗损精气神，人体的正气就会增强，疾病不侵心志。

闲适而少有欲望，心里安定没有恐惧，形体疲惫但不倦怠，因此真气调顺，每个人随其所欲，都能满足自己的愿望。

人们无论吃什么食物都觉得甘美，随便穿什么衣服也都感到满意，大家喜爱自己的风俗习尚，愉快地生活，社会地位无论高低，都不相倾慕，所以这些人称得上朴实无华。

因而任何不正当的都嗜欲都不会引起他们注目，任何淫乱邪僻的事物也都不能惑乱他们的心志。无论愚笨的，聪明的，能力大的还是能力小的，都不因外界事物的变化而担心焦虑，所以符合养生之道。

他们之所以能够年龄超过百岁而动作不显得衰老，正是由于领会和掌握了修身养性的方法，而身体不被内外邪气干扰危害所致。

古代深懂养生之道的人在教导普通人的时候，总要讲到对虚邪贼风等致病因素应及时避开，心情要清静安闲，排除杂念妄想，以使真气顺畅，精神守持于内，这样疾病就无从发生。因此，人们就可以心志安闲，少有欲望，情绪安定而没有焦虑，形体劳作而不使疲倦，真气因而调顺，各人都能随其所欲而满足自己的愿望。人们无论吃什么食物都觉得甘美，随便穿什么衣服也都感到满意，大家喜爱自己的风俗习尚，愉快地生活，社会地位无论高低，都不相倾慕，所以这些人称得上朴实无华。因而，任何不正当的嗜欲都不会引起他们注目，任何淫乱邪僻的事物也都不能惑乱他们的心志。无论愚笨的、聪明的、能力大的，还是能力小的，都不因外界事物的变化而担心焦虑，所以符合养生之道。他们之所以能够年龄超过百岁而动作不显得衰老，正是由于领会和掌握了修身养性的方法，而身体不为内外邪气干扰危害所致。

本篇说明养生的积极意义。养生不仅可以预防疾病，而且是延年益寿的有效措施。并指出具体养生的方法：精神上的修养；饮食起居的调节；环境气候的适应；体格的锻炼。

思考寄语

黄帝文化是我国传统文化初始与根基，中医是中国传统文化的典型代表，《黄帝内经》造福中华民族2000余年，对健康尤其强调对精气神的保养。中医学精、气、血、津液学说中精的概念，滥觞于中国古代哲学气一元论中的“精气说”。在中国古代哲学思想发展史上，在气的概念的演变过程中，以《管子》为代表将气范畴规定为精、精气，提出了精气说，认为精气是最细微而能变化的气，是最细微的物质存在，是世界的本原，是生命的来源。现代街头上琳琅满目的饮食文化、风风火火的网络世界、优胜劣汰的竞争社会，都成为现代人的健康陷阱。同学们若能遵循其中的养生原则，如积极的“虚无少欲”，拥有正当的抱负、合理的追求，不在世俗中随波逐流，不为争名夺利而苦恼，从而在有所不为有所为的同时充实健康，益寿延年。日积月累，可保养精神、增强体质，为职业生涯奠定良好的身体基础。

9 我用残损的手掌

诵读主体

我用残损的手掌
摸索这广大的土地：
这一角已变成灰烬，
那一角只是血和泥；
这一片湖该是我的家乡，
（春天，堤上繁花如锦幛，
嫩柳枝折断有奇异的芬芳）
我触到荇藻和水的微凉；
这长白山的雪峰冷到彻骨，
这黄河的水夹泥沙在指间滑出；
江南的水田，你当年新生的禾草
是那么细，那么软……现在只有蓬蒿；
岭南的荔枝花寂寞地憔悴，
尽那边，我蘸着南海没有渔船的苦水……
无形的手掌掠过无限的江山，
手指沾了血和灰，手掌沾了阴暗，
只有那辽远的一角依然完整，
温暖，明朗，坚固而蓬勃生春。
在那上面，我用残损的手掌轻抚，
像恋人的柔发，婴孩手中乳。
我把全部的力量运在手掌
贴在上面，寄与爱和一切希望，
因为只有那里是太阳，是春，
将驱逐阴暗，带来苏生，
因为只有那里我们不像牲口一样活，
蝼蚁一样死……那里，永恒的中国！

知人论世

戴望舒（1905—1950），浙江杭县（今杭州余杭）人，现代诗人，翻译家。1931年加入中国左联，1936年创办《新诗》月刊。1938年，避居香港，主编《星岛日报》副刊《星座》及诗刊《顶点》，还曾主编过《珠江日报》和《大众日报》副刊，同时组织“文协”香港分会并任理事。1941年，日本占领香港后曾被捕入狱，受伤致残，表现了高尚的民族气节。1949年，回到内地，在国际新闻局法文组从事翻译。1950年，因气喘病去世。

因为1927年创作《雨巷》，戴望舒获得了“雨巷诗人”的称号。无论理论还是创作实践，戴望舒都对中国新诗的发展产生很大的影响。诗集有《我的记忆》《望舒草》《望舒诗稿》《灾难的岁月》《戴望舒诗选》《戴望舒诗集》，另有译著等数十种。

阅读鉴赏

《我用残损的手掌》一诗写于1942年抗日战争时期。1942年4月，戴望舒在香港参加抗日救亡运动，被日寇投入监狱，受尽严刑拷打，直到7月才获释。诗人摸着自己伤痕累累的身体，联想到战火中饱受蹂躏的祖国河山，他满怀对侵略者的痛恨愤慨、对祖国和人民的同情痛惜，写下了这如泣如诉的爱国主义诗篇。

这首诗选择了一个独特的意象——残损的手掌，把一个普通的身体器官转化为极具创新性和审美性的意象，使人过目难忘。一方面这个意象具有写实性，戴望舒在日军的监狱中遭受了非人的折磨而导致伤残，因此“残损的手掌”有事实根据。另一方面，它又具有象征性，“残损的手掌”象征着残缺的祖国版图，也表明诗人坚强不屈的意志。另外，“残损的手掌”还有一个作用，就是领起、贯穿并涵盖全诗。诗歌分为两部分：第一部分写诗人以“残损的手掌”摸索那有血和泥灰的祖国广大的土地，想象的画面中倾注了诗人无限的痛苦与深切关注的感情；第二部分依然是在想象中进行的，诗人用“无形的手掌掠过无限的江山”一句进行转折，写到“那辽远的一角”，那里“温暖，明朗，坚固而蓬勃生春”，写到这里，诗人以无限的希望和热忱，运用一连串的比喻进行描摹，尽情地歌颂和赞美，使爱国主义感情得到升华。

全诗内容坚实崇高，语言明朗鲜活，情感富有变化，基调由消极晦暗转向积极希望，开始气氛深沉、低落，继而情感高亢、激动，表现了诗人由担忧转变成对祖国取得胜利的坚定信念，情绪高扬阔大，真挚的爱国情感贯穿于全诗。

思考寄语

爱国主义是民族精神的核心。当外敌入侵，国家民族处于危难之际，戴望舒用他“残损的手掌”写下这首动人的诗歌，诗行中激荡着一股爱国主义的激情，诗人的脉搏与祖国、民族的脉搏共同跳动，诗人的命运与祖国、人民的命运紧密相连。今天，我们要把炽热的爱国之情落实到服务人民、报效国家的行动中，奋力谱写属于自己的爱国诗篇。

10 酬乐天扬州初逢席上见赠

诵读主体

巴山楚水凄凉地，二十三年弃置身。
怀旧空吟闻笛赋，到乡翻似烂柯人。
沉舟侧畔千帆过，病树前头万木春。
今日听君歌一曲，暂凭杯酒长精神。

知人论世

刘禹锡（772—842），字梦得，河南洛阳人，自述“家本荥上，籍占洛阳”，并自称先祖为中山靖王刘胜（一说是匈奴后裔）。唐朝文学家、哲学家，有“诗豪”之称。

刘禹锡诗文俱佳，涉猎题材广泛，内容多反映时事和民生疾苦，诗文继承前人优秀文学遗产，又汲取民间文学精华，形成了自己独特的创作风格。与柳宗元并称“刘柳”，与韦应物、白居易合称“三杰”，并与白居易合称“刘白”。著有《刘梦得文集》《刘宾客集》等，其《陋室铭》《竹枝词》《杨柳枝词》《乌衣巷》均为名篇。

阅读鉴赏

译文：

我被贬谪到巴山楚水这些荒凉的地区，度过了二十三年沦落的光阴。怀念故去旧友徒然吟诵闻笛小赋，久谪归来感到已非旧时光景。翻覆的船只旁仍有千千万万的帆船经过，枯萎的树木前面也有万千林木欣欣向荣。今天听了你为我吟诵的诗篇，暂且借这一杯美酒振奋精神。

此诗作于唐敬宗宝历二年（826）冬，刘禹锡罢和州刺史后，回归洛阳，途经扬州，与罢苏州刺史回洛阳的白居易相逢。时任淮南节度使王潘在扬州设宴招待刘、白二人，白居易在筵席上把箸击盘，吟诗相赠，题为《醉赠刘二十八使君》。刘禹锡感慨万千，写下这首诗，以答谢白居易。

诗的首联，以伤感低沉的情调，回顾了诗人的贬谪生活。诗人因参加顺宗朝王叔文领导的"永贞革新"失败而屡遭贬谪。先贬连州，再贬朗州，后调夔州、和州，未离谪籍。朗州在战国时是楚地，夔州在秦、汉时属巴郡，楚地多水，巴郡多山，故以"巴山楚水"代指贬地。"二十三年"指时间之久，"凄凉地"与"弃置身"相应，通过这些富有感情色彩的字句的渲染，使读者感受到诗人长期谪居的痛苦与凄凉。

诗的颔联，诗人运用两个典故，感叹世事变化，含义深刻。一是"闻笛赋"，指曹魏末期向秀的《思旧赋》。向秀的好友嵇康、吕安因不满司马氏篡权而被杀害，向秀经过二人旧居时，听闻邻人吹笛，不禁悲从中来，遂作《思旧赋》以追念故友。另一是"烂柯人"。相传晋人王质入山砍柴，见两童子下棋，他观至终了，竟发现手中的"柯"（斧柄）已经朽烂。回到村里，方知已过去一百年，同时代的人都已亡故。两个典故，前者表达诗人对已故好友王叔文、柳宗元等的悼念，后者则抒发对岁月流逝、恍如隔世的感叹。

诗的颈联，紧承颔联而来，极富哲理和感染力。诗人将自己比作"沉舟"和"病树"， 固然有所惆怅，却又相当达观。沉舟侧畔，有千帆竞发；病树前头，正万木皆春。本句形象地揭示了新陈代谢的自然规律，阐明了新事物必将取代旧事物，社会在前进，前景无限美好的道理。诗人没有被贬谪的逆境压倒，而是在世事变迁和宦海浮沉中保持豁达乐观的人生态度，实在令人钦佩。白居易称赞这一联"神妙"，就是从诗的思想性和艺术性，景、情、理相结合的角度来评价的。

诗的尾联，看似平淡，实为点睛之笔。"今日听君歌一曲，暂凭杯酒长精神"，点明了酬答白居易的题意。"长精神"三字，含义深刻，喻示诗人并不悲观气馁，而是要坚忍不拔、抖擞精神，重新投入生活，以自勉自励结束全诗。

全诗层层深入，言简意赅，前抑后扬，跌宕起伏，沉郁中见豪放，逆境中见豁达，堪称古代酬赠诗中的名篇佳作。诗人在作品中所表现的历经坎坷、百折不回的坚定信念和乐观精神，给后人以莫大的启迪和鼓舞。

思考寄语

一首歌唱得好："不经历风雨，怎么见彩虹。"的确，人的一生不可能尽是阳光明媚、风和日丽，我们总会遭遇阴霾、寒冷甚至是狂风暴雨。一个人如果不经历风雨的洗礼，面对逆境丧失积极乐观、坚忍不拔的信念，缺乏逆风而行、迎难而上的历练，又怎会看到风雨过后美丽的彩虹，看到那个砥砺前行、不断成长进步的自己？

11 命子迁

诵读主体

太史公执迁手而泣曰：余先周室之太史也。自上世尝显功名于虞夏，典天官事。后世中衰，绝于予乎？汝复为太史，则续吾祖矣。今天子接千岁之统，封泰山，而余不得从行，是命也夫，命也夫！余死，汝必为太史；为太史，无忘吾所欲论著矣。且夫孝始于事亲，中于事君，终于立身。扬名于后世，以显父母，此孝之大者。夫天下称诵周公，言其能论歌文、武之德，宣周、邵之风，达太王、王季之思虑，爰及公刘，以尊后稷也。幽、厉之后，王道缺，礼乐衰，孔子修旧起废，论《诗》《书》，作《春秋》，则学者至今则之。自获麟以来四百有余岁，而诸侯相兼，史记放绝。今汉兴，海内一统，明主贤君忠臣死义之士，余为太史而弗论载，废天下之史文，余甚惧焉，汝其念哉！

知人论世

司马谈（约前169—前110），西汉史学家，左冯翊夏阳（今陕西韩城南）人。为汉初五大夫，建元、元封年间任太史令、太史公。他博学多识，曾随当时著名天文学家唐都学习天文历法知识，从哲学家杨何学习《易》，并对黄老之学进行过深入钻研。父司马喜，子司马迁。汉武帝建元至元封年间，司马谈任太史令，对先秦的思想发展史作过广泛的涉猎和研究。他将研究成果整理撰成《论六家要旨》，对先秦各学派的思想特点作了深入的分析和评价，是一篇总结春秋战国时期学术思想发展史的具有较高学术价值的论文，至今仍是史学界研究先秦思想史、哲学史的珍贵文献。其六家之说，不仅为后来司马迁给先秦诸子作传以重要的启示和借鉴，也为西汉末期名儒刘向、刘歆父子给先秦诸子分类奠定基础。

司马谈早年立志撰写一部通史，他任太史令时，接触到大量的图书文献，广泛地涉猎了各种资料。元封元年（前110），他随同汉武帝赴泰山封禅，途中身染重病，留在洛阳，不久即卒。在弥留之际，对赶来探望的儿子司马迁谆谆嘱咐：一定要继承遗志，写好一部史书。司马谈虽然未能动手撰写通史，但为《史记》的撰写积累了大量的第一手资料，确立了部分论点。司马迁写成的《史记》中的《刺客列传》《郦生陆贾列传》《樊郦滕灌列传》《张释之冯唐列传》诸篇之赞语，即为司马谈之原作。

阅读鉴赏

译文：

太史公握着司马迁的手哭着说：我们的先祖是周朝的太史。远在上古虞夏之世便显扬功名，职掌天文之事。后世衰落，今天会断绝在我手里吗?你继做太史，就会接续我们祖先的事业了。现在天子继承汉朝千年一统的大业，在泰山举行封禅典礼，而我不能随行，这是命啊，是命啊！我死之后，你必定要做太史；做了太史，不要忘记我想要撰写的著述啊。再说孝道始于奉养双亲，进而侍奉君主，最终在于立身扬名。扬名后世来显耀父母，这是最大的孝道。天下称道歌颂周公，说他能够论述歌颂文王、武王的功德，宣扬周、邵的风尚，通晓太王、王季的思虑，乃至公刘的功业，并尊崇始祖后稷。周幽王、周厉王以后，王道衰败，礼乐衰颓，孔子研究整理旧有的典籍，修复振兴被废弃破坏的礼乐，论述《诗经》《书经》，写作《春秋》，学者至今以之为准则。自获麟以来四百余年，诸侯相互兼并，史书丢弃殆尽。如今汉朝兴起，海内统一，明主贤君忠臣死义之士，我作为太史都未能予以论评载录，断绝了天下的修史传统，对此我甚感惶恐，你可一定要记在心上啊！

这是司马谈写给其子司马迁的遗书。在书中，司马谈记述了自己的家世，尤其突出了其先人世代为周之太史，以及自己和司马迁同为太史之事，要司马迁“无忘吾所欲论著”之志，他用周公受人称颂的事例，来说明存史实的重要。对“自获麟以来四百有余岁，而诸侯相兼，史记放绝”，自己身为太史“而弗论载，废天下之史文”的状况深为担忧。他以孔子修《诗》《书》《春秋》为天下后世法则的事迹来激励司马迁，要司马迁继承其修史遗志，名留青史。司马迁没有辜负司马谈的期望，在遭受难以言说的巨大创痛的情况下，历尽艰辛，百折不挠，撰成了不朽的历史巨著《史记》。本文语言朴实，叙事简洁，字里行间流露出司马谈对司马迁所寄予的深切期望。

思考寄语

可以说，没有司马谈的《命子迁》，就没有司马迁的《史记》。如此用心良苦营造良好的家风，哪有家道不昌隆、后辈不显达的道理？这则家训之所以经典，就在于其指明了中华民族尊奉孝道的真谛。孝之大道，始于亲人，终于国家，积极入世，安身立命。因此，这则家训阐释了人生须秉持的正道，弘扬孝道，涵养德行，具有人性的温暖和期许。

12 春江花月夜

诵读主体

春江潮水连海平，海上明月共潮生。
滟滟随波千万里，何处春江无月明！
江流宛转绕芳甸，月照花林皆似霰；
空里流霜不觉飞，汀上白沙看不见。
江天一色无纤尘，皎皎空中孤月轮。
江畔何人初见月？江月何年初照人？
人生代代无穷已，江月年年只相似。
不知江月待何人，但见长江送流水。
白云一片去悠悠，青枫浦上不胜愁。
谁家今夜扁舟子？何处相思明月楼？
可怜楼上月徘徊，应照离人妆镜台。
玉户帘中卷不去，捣衣砧上拂还来。
此时相望不相闻，愿逐月华流照君。
鸿雁长飞光不度，鱼龙潜跃水成文。
昨夜闲潭梦落花，可怜春半不还家。
江水流春去欲尽，江潭落月复西斜。
斜月沉沉藏海雾，碣石潇湘无限路。
不知乘月几人归，落月摇情满江树。

知人论世

张若虚（约670—约730），扬州人，唐朝诗人、儒客大家。以《春江花月夜》知名，与贺知章、张旭、包融并称为“吴中四士”。他的诗仅存二首，收录于《全唐诗》中，其中《春江花月夜》是一篇脍炙人口的名作。它沿用陈隋乐府旧题，抒写真挚动人的离愁别绪及富有哲理意味的人生感慨，语言清新优美，韵律婉转悠扬，洗去了宫体诗的浓脂艳粉，给人以澄澈空明、清丽自然的感觉。被闻一多先生誉为“诗中的诗，顶峰上的顶峰”，一千多年来使无数读者为之倾倒。一生仅留下两首诗的张若虚，也因这一首诗，被誉为“一词压两宋，孤篇盖全唐”。

阅读鉴赏

《春江花月夜》全诗共三十六句，每四句一换韵，通篇融诗情、画意、哲理为一体，意境空明，想象奇特，宛如一幅淡雅的中国水墨画，体现出春江花月夜清幽的意境美，具有极高的审美价值。

诗人开篇便就题生发，勾勒出一幅春江月夜的壮丽画面：江潮连海，月共潮生。这里的“海”是虚指。江潮浩瀚无垠，仿佛和大海连在一起，气势宏伟。这时，一轮明月随潮涌生，景象壮观。一个“生”字，就赋予了明月与潮水以活泼的生命。月光闪耀千万里之遥，哪一处春江不在明月朗照之中！江水曲曲弯弯地绕过花草遍生的春之原野，月色泻在花树上，像撒上了一层洁白的雪。诗人真可谓丹青妙手，轻轻挥洒一笔，便点染出春江月夜中的奇异之“花”。同时，又巧妙地对应了“春江花月夜”的题面。诗人对月光的观察极其精微：月光荡涤了世间万物的五光十色，将大千世界浸染成梦幻一样的银辉色。因而“流霜不觉飞”“白沙看不见”，浑然只有皎洁明亮的月光存在。细腻的笔触，创造了一个神话般美妙的境界，使春江花月夜显得格外幽美恬静。这八句，由大到小，由远及近，笔墨逐渐凝聚在一轮孤月上。

清明澄彻的天地宇宙，仿佛使人进入了一个纯净的世界，这就自然地引起了诗人的遐思冥想：“江畔何人初见月？江月何年初照人？”诗人神思飞跃，但又紧紧联系着人生，探索着人生的哲理与宇宙的奥秘。这种探索，古人也已有之，如曹植《送应氏》“天地无终极，人命若朝霜”，阮籍《咏怀》“人生若尘露，天道邈悠悠”等等，但诗的主题多半是感慨宇宙永恒，人生短暂。张若虚在此处却别开生面，他的思想没有陷入前人窠臼，而是翻出了新意：“人生代代无穷已，江月年年只相似。”个人的生命是短暂即逝的，而人类的存在则是绵延久长的，因之“代代无穷已”的人生就和“年年只相似”的明月得以共存。这是诗人从大自然的美景中感受到的一种欣慰。诗人虽有对人生短暂的感伤，但并不是颓废与绝望，而是源于对人生的追求与热爱。全诗的基调是“哀而不伤”，使我们得以聆听到盛唐时代之音的回响。

“不知江月待何人，但见长江送流水。”这是紧承上一句的“只相似”而来的。人生代代相继，江月年年如此。一轮孤月徘徊中天，像是等待着什么人似的，却又永远不能如愿。月光下，只有大江急流，奔腾远去。随着江水的流动，诗篇遂生波澜，将诗情推向更深远的境界。江月有恨，流水无情，诗人自然地把笔触由上半篇的大自然景色转到了人生图像，引出下半篇男女相思的离愁别恨。

“白云”四句总写在春江花月夜中，思妇与游子的两地思念之情。“白云”“青枫浦”托物寓情。白云飘忽，象征“扁舟子”的行踪不定。“青枫浦”为地名，但“枫”“浦”在诗中又常用为感别的景物、处所。“谁家”“何处”二句互文见义，正因不止一家、一处有离愁别恨，诗人才提出这样的设问，一种相思，牵出两地离愁，诗情荡漾，曲折有致。

以下“可怜”八句承“何处”句，写的是思妇对离人的怀念。然而，诗人不直说思妇的悲和泪，而是用“月”来烘托她的怀念之情，悲泪自出。诗篇把“月”拟人化，“徘徊”二字极其传神：一是浮云游动，故光影明灭不定；二是月光怀着对思妇的怜悯之情，在楼上徘徊不忍去。它要和思妇做伴，为她解愁，因而把柔和的清辉洒在妆镜台上、玉户帘上、捣衣砧上。岂料思妇触景生情，反而思念尤甚。她想赶走这恼人的月色，可是月色“卷不去”“拂还来”，真诚地依恋着她。这里“卷”和“拂”两个痴情的动作，生动地表现出思妇内心的惆怅和迷惘。月光引起的情思在深深地搅扰她，此时此刻，月色不也照着远方的爱人吗？共望月光而无法相知，只好依托明月遥寄相思之情。望长空，鸿雁远飞，飞不出月的光影，飞也徒劳；看江面，鱼儿在深水里跃动，只是激起阵阵波纹，跃也无用。“尺素在鱼肠，寸心凭雁足。”向以传信为任的鱼雁，如今也无法传递音讯——该又平添几重愁苦！

最后八句写游子，诗人用落花、流水、残月来烘托他的思归之情。“扁舟子”连做梦也念念归家——花落幽潭，春光将老，人还远隔天涯，情何以堪！江水流春，流去的不仅是自然的春天，也是游子的青春、幸福和憧憬。江潭落月，更衬托出他凄苦的落寞之情。沉沉的海雾遮住了落月；碣石、潇湘，天各一方，道路是多么遥远。“沉沉”二字加重地渲染了他的孤寂；“无限路”也就无限地加深了他的乡思。他思忖：在这美好的春江花月之夜，不知有几人能乘月归回自己的家乡！他那无着无落的离情，伴着残月之光，洒满江边的树林……

“落月摇情满江树”，这结句的“摇情”——不绝如缕的思念之情，将月光之情、游子之情、诗人之情交织成一片，洒落在江树上，也洒落在读者心上，情韵袅袅，摇曳生姿，令人心醉神迷。

《春江花月夜》凭借对春江花月夜的描绘，尽情赞叹大自然的奇丽景色，讴歌人间纯洁的爱情，把对游子思妇的同情心扩大开来，与对人生哲理的追求、对宇宙奥秘的探索结合起来，将深邃美丽的艺术世界笼罩在一片空灵而迷茫的月色里，吸引读者去探寻其中美的真谛。

思考寄语

诗人在感受美丽月色的同时，由时空的无限联想到了生命的有限，展示了一种深沉的宇宙意识。在这样的美景下，诗人却觉得悲哀，这感受当下又有多少人能体味？然而，因为对人生的热爱与追求，诗人并没有颓废和绝望，其“哀而不伤”的基调，值得我们敬佩和汗颜。在当时的背景下，诗人离家万里，一去就是几年，尚且能够如此豁达，而当下的我们，离家求学不过几十里，相别不过一年半载，环境也大为改善，基本上什么条件都能得到满足，更应该好好奋斗，为了自己目标和理想，为了父母，抵制住大千世界的诱惑，用心求学，以后好好工作，用自己的成就为我们的青春喝彩。

13 论语·子罕（节选）

诵读主体

颜渊喟然叹曰：“仰之弥高，钻之弥坚，瞻之在前，忽焉在后。夫子循循然善诱人，博我以文，约我以礼，欲罢不能。既竭吾才，如有所立卓尔。虽欲从之，末由也已！

知人论世

孔子（前551—前479），名丘，字仲尼，鲁国陬邑（今山东曲阜）人，中国古代思想家、政治家、教育家，儒家学派创始人，“大成至圣先师”。

阅读鉴赏

译文：

颜渊感叹地说："（对于老师的学问与道德）我抬头仰望，越望越觉得高；我努力钻研，越钻研越觉得不可穷尽。看着它好像在前面，忽然又像在后面。老师善于一步一步地诱导我，用各种典籍来丰富我的知识，又用各种礼节来约束我的言行，使我想停止学习都不可能，直到我用尽了我的全力。好像有一个十分高大的东西立在我前面，虽然我想要追随上去，却没有前进的路径了。"

这是颜渊在感叹孔子之道学无止境的一段话。他用自己学习的感受来说明孔子学问的高妙：仰之弥高、钻之弥坚，一会儿觉得好像马上就学到了，一会儿又觉得似乎刚才体会错了，实在恍惚难以捉摸。夫子总是循循善诱，以典籍丰富我的知识，以礼约束我的行为。想停止都不可能，已经竭尽我的才力，而夫子的道似乎还是卓尔屹立于前。想要走过去，却似乎走不过去。

颜渊对孔子及其道，仰高钻坚；对孔子教人，循循善诱，博文约礼，欲罢不能；虽欲从之，末由也已。颜渊之叹，见其对孔子及其道体会知之深切。颜渊发出"他虽然想跟从它，但我无路可以到达"的喟叹，主要在于孔子的学问、品德、知礼这三个方面。孔子的学问渊博、品德高尚、知礼懂礼，这些都不是弟子能赶得上的。

本章记颜渊赞叹孔子之道之高且深，而颜渊之好学，所以为孔门最高弟子，亦于此见矣。唯孔子之道，虽极高深，若为不可几及，亦不过在人性情之间，动容之际，饮食起居交接应酬之务，君臣父子夫妇兄弟之常，出处去就辞受取舍，以至于政事之设施，礼乐文章之讲贯。细读《论语》，孔子之道，尽在其中，所谓无行而不与二三子者是丘也。非舍具体可见之外，别有一种不可测想推论之道，使人无从窥寻。熟读《论语》，可见孔子之道，实平易而近人。而细玩此章，可知即在此平易近人之中，而自有其高深不可及处。虽以颜渊之贤，而犹有此叹。今欲追寻孔子之道，亦唯于博文约礼，欲罢不能中，逐步向前，庶几达于颜渊所叹欲从末由之一境，则已面对孔子之道之极高峻绝处。若舍其平实，而索之冥漠，不务于博文约礼，而别作仰钻，则未为善读此章。

思考寄语

以颜渊之好学，方能体会得如此深刻而生动，我们读书、写作文的时候，学到专注的时候，也会有和颜渊一样的感受，时而欣喜有所得，时而因怀疑自己的理解有误而烦恼。这也正是学习的乐趣所在，如曲径通幽、千回百转般探索新知。在求学的道路上前行，这是每个人都要经历的阶段，而颜渊的这种欲罢不能的境地，其实是绝佳状态，学习的过程终究要自己去完成，其中美妙的体验也只有自己品尝得出。为学如此，敬业、勤业、创业、立业也如此，都应当大力弘扬社会主义职业精神，尽职尽责，贡献自己的聪明才智。

14 岳阳楼记（节选）

诵读主体

嗟夫！予尝求古仁人之心，或异二者之为，何哉？不以物喜，不以己悲，居庙堂之高则忧其民，处江湖之远则忧其君。是进亦忧，退亦忧。然则何时而乐耶？其必曰“先天下之忧而忧，后天下之乐而乐”乎！噫！微斯人，吾谁与归？

知人论世

范仲淹（989—1052），字希文，谥号文正。为北宋名臣，政治家、教育家、文学家、改革家，吴县（今江苏）人。幼年丧父，对下层人民的痛苦感受较深。少年时家贫但好学，当秀才时就常以天下为己任，有敢言之名。曾多次上书批评当时的宰相，因而三次被贬。宋仁宗时官至参知政事，相当于副宰相。元昊反，以龙图阁直学士与夏竦经略陕西，号令严明，夏人不敢犯，羌人称其为龙图老子，夏人称其为小范老子。宋仁宗庆历三年（1043），范仲淹对当时朝政的弊病极为痛心，提出“十事疏”，主张建立严密的仕官制度，注意农桑，整顿武备，推行法制，减轻徭役。宋仁宗采纳了他的建议，并陆续推行，史称“庆历新政”。可惜不久就因为保守派的反对而不能实现，被贬至陕西四路宣抚使，后来在赴颍州途中病死。

范仲淹一生的论著很多，诗、词、散文都很出色，有不少忧国忧民、反映社会现实的好作品。名篇有散文《岳阳楼记》、词《渔家傲》、诗《江上渔者》等。有《范文正公集》传世。

阅读鉴赏

译文：

唉！我曾经探求古代品德高尚的人的思想感情，或许跟上面说的两种思想感情的表现不同，为什么呢？（他们）不因外物的好坏和自己的得失而或喜或悲。在朝廷里做高官就担忧他的百姓；处在僻远的江湖间就担忧他的君王。这就是进入朝廷做官也担忧，辞官隐居也担忧。那么，什么时候才快乐呢？他们一定会说“在天下人的忧愁之先就忧愁，在天下人的快乐之后才快乐”吧。唉！如果没有这种人，我同谁一道呢？

节选的这段文字以“嗟夫”开启，兼有抒情和议论的意味。作者在列举了悲喜两种情境后，笔调突然激扬，道出了超乎这两者之上的一种更高的理想境界，那就是“不以物喜，不以己悲”。它是中国的传统儒家士大夫思想，讲究淡然平静的心态。“不以己悲”是一种思想境界，是古代修身的要求。即无论外界或自我有何种起伏喜悲，都要保持一种豁达淡然的心态。感物而动，因物悲喜虽然是人之常情，但并不是做人的最高境界。古代的仁人，有坚定的意志，不为外界条件的变化动摇。无论是“居庙堂之高”还是“处江湖之远”，忧国忧民之心不改，“进亦忧，退亦忧”。这似乎有悖于常理，有些不可思议。作者也就此拟出一问一答，假托古圣立言，发出了“先天下之忧而忧，后天下之乐而乐”的誓言，曲终奏雅，点明了全篇的主旨。“噫！微斯人，吾谁与归”一句结语，“如怨如慕，如泣如诉”，悲凉慷慨，一往情深，令人感喟。

思考寄语

范仲淹在《岳阳楼记》中阐明自己“先天下之忧而忧，后天下之乐而乐”的政治抱负，抒发了忧国忧民，以天下为己任的济世情怀。一个人要做到先忧，必须有胆、有识、有志，固然不容易；而一个先忧之士当他建立了功绩之后还能后乐，才更加可贵。“先天下之忧而忧，后天下之乐而乐”这一句所体现的精神，那种忧国忧民、居安思危、积极进取、吃苦在前、享乐在后的思想品质，不但在当时具有进步意义，在今天仍使人深受启发，永远是我们宝贵的精神财富。

15 枢 言

诵读主体

先王贵诚信。诚信者，天下之结也。贤大夫不恃宗室，士不恃外权。坦坦之利不以功，坦坦之备不为用。故存国家，定社稷，在卒谋之间耳。

圣人用其心，沌沌乎博而圜，豚豚乎莫得其门，纷纷乎若乱丝，遗遗乎若有从治。故曰，欲知者知之，欲利者利之，欲勇者勇之，欲贵者贵之。彼欲贵，我贵之，人谓我有礼；彼欲勇，我勇之，人谓我恭；彼欲利，我利之，人谓我仁；彼欲知，我知之，人谓我慜。戒之戒之，微而异之，动作必思之，无令人识之，卒来者必备之。信之者，仁也。不可欺者，智也。既智且仁，是谓成人。

知人论世

管仲（？—前645），姬姓，管氏，名夷吾，字仲，颍上（今安徽颍上）人。中国古代著名经济学家、哲学家、政治家、军事家。春秋时期法家代表人物，周穆王的后代。齐僖公三十三年（前698），开始辅佐公子纠。齐桓公元年（前685），得到鲍叔牙推荐，担任国相，辅佐齐桓公成为“春秋五霸”之首。对内大兴改革、富国强兵；对外尊王攘夷，九合诸侯，一匡天下，被尊称为“仲父”。齐桓公四十一年（前645）病逝。被后人誉为“法家先驱”“圣人之师”“华夏文明保护者”“华夏第一相”。

阅读鉴赏

译文：

先王最重视诚信，有了诚信，天下各国就结好了。贤大夫不依靠宗室门第，士不依靠别国同盟。取得平平的小利不视为功，面对平平小富不为所用。所以，存国家、定社稷的大事就在短暂的谋划当中解决了。圣人运用其心思，好像混混沌沌博大而有道，又隐隐使人找不到门，纷纷然好像乱丝，又像有次序可以梳理。就是说，人们想要求知的就让他求知，想要求利的就让他求利，想要求勇的就让他求勇，想要求地位的就让他求地位。他想求地位，我就许他求地位，人家会说我有礼；他想求勇，我就许他求勇，人家会说我恭；他想求利，我就许他求利，人家会说我仁；他想求知，我就许他求知，人家会说我聪敏。但是要注意戒备，隐微而庇翼自己，动作一定要深思，不要被人识透；对于突然到来的事件，必须有防备。对人有信叫作仁，不被欺瞒叫作智，既智且仁，就可以说是成熟的人了。

《管子》现存76篇。与先秦许多典籍一样，《管子》并非一人之著、一时之书，它是一部稷下学派的文集汇编。其文篇幅宏伟，内容复杂、思想丰富，包含道、儒、名、法、兵、阴阳等家的思想及天文、舆地、经济和农业等方面的知识，是研究中国古代，特别是先秦学术文化思想的重要典籍。

《管子·枢言》是管仲创作的一篇散文，见于《管子》第十二篇。该篇可称为治国理政的精言荟萃，甚至被认为全书之“枢纽”。它最早将“诚”与“信”二者连起来使用。“诚信者，天下之结也”明确将其看作天下伦理秩序的基础。诚信是最早植根于中华文明深处的思想理念之一。在中国最早的文献典籍《尚书·尧典》中，就有赞扬帝尧“允恭克让，光被四表，格于上下”的记载，《尔雅》释之曰：“允，信也；允，诚也。”孔子强调：“民无信不立”，指出诚信是国与国之间交往所应遵守的道义标准，也是人们交往应遵守的基本道德规范。孟子在此基础上进一步发展，将“朋友有信”列为五伦之一。汉代董仲舒将“信”与仁、义、礼、智并列为“五常”，将其视为最基本的社会行为规范。

思考寄语

人无信不立，国无信不兴。诚信是立国、立世、立人之本，是社会主义核心价值观的重要内容。“诚”侧重于内在层面，指内心情感的真实无伪、自然流露；“信”侧重于外在层面，指言出必行、诚实守信。古有季布一诺千金、商鞅徙木立信，今有“中国好人”姬春梅诚信还债。“诚信”这一美德已深刻烙印在中华民族的文化基因之中。我们应当从小树立牢固的诚信理念，做德才兼备的一代新人。

16 杨生青花紫石砚歌

诵读主体

端州石工巧如神，踏天磨刀割紫云。
佣刓抱水含满唇，暗洒苌弘冷血痕。
纱帷昼暖墨花春，轻沤漂沫松麝薰。
干腻薄重立脚匀，数寸光秋无日昏。
圆毫促点声静新，孔砚宽顽何足云！

知人论世

李贺（790—816），字长吉。河南府福昌县昌谷乡（今河南宜阳）人，唐朝中期浪漫主义诗人，与诗仙李白、李商隐称为“唐代三李”，后世称李昌谷。

李贺是继屈原、李白之后，中国文学史上又一位颇享盛誉的浪漫主义诗人，有“太白仙才，长吉鬼才”之说。作为中唐到晚唐诗风转变期的代表人物，李贺与“诗仙”李白、“诗圣”杜甫、“诗佛”王维齐名，留下了“黑云压城城欲摧”“雄鸡一声天下白”“天若有情天亦老”等千古佳句。著有《昌谷集》。

端砚以其石质“坚实致密，细腻滋润”“贮水而不耗，发墨而不损毫”“润如婴儿肌肤”“扣之木声”“久用笔锋不褪”“石品丰富多彩”等优点而闻名于世。尤以其研磨出来的墨汁写字绘画，字面光泽度高，历久而不被虫蛀而深得书画家喜爱。唐代已享盛名，大书法家柳公权论砚时曾推为第一。端砚以紫色者尤为世所重，唐代李肇《唐国史补》说：“端州紫石砚，天下无贵贱通用之。”当时杨生正有这么一块青花紫石砚，李贺便欣然命笔，一气写下了这首笔饱墨酣的赞美诗。

阅读鉴赏

译文：

端州石工的手艺真是灵巧如神，磨刀采石山顶上，犹如脚踏青天割紫云。砚台削磨均匀，注上水，像满含的嘴唇，砚台里花纹隐现仿佛苌弘的碧血印痕。纱帐中白天暖融融，磨动的墨花添春意，轻盈的墨泡和漂动的墨沫散发出松麝的芬芳。墨汁干润浓淡，墨脚都均匀稳定，小小砚台里的墨汁像秋空般光洁，没半点混浊。用笔尖蘸着墨花，发出细微、清新之声，那又大又粗的孔砚有什么值得称颂！

此诗为咏砚诗，诗人热情地称赞了端州砚石的精美之处，歌颂了端州石工高超的手艺，用浪漫的比喻、细腻的笔触，描述了采石、制砚的情景和所制青花紫石砚的精美。全诗意境开阔，形象生动，造语奇妙，用典纯熟。

思考寄语

荒山劈路，焉知其功夫之劳，玉器雕成，谁识那匠心血泪。一方端砚，承载的是匠人始终不渝的恒心、冷静钻研的耐心、造福于世的爱心。时代风起云涌，行业人才辈出。无论我们从事哪行哪业，都需要志当存高远，真诚写春秋。

17 假如生活欺骗了你

诵读主体

假如生活欺骗了你，
不要悲伤，不要心急！
忧郁的日子里须要镇静：
相信吧，快乐的日子将会来临。
心儿永远向往着未来；
现在却常是忧郁：
一切都是瞬息，一切都将会过去；
而那过去了的，就会成为亲切的怀恋。

知人论世

亚历山大·谢尔盖耶维奇·普希金（1799—1837），俄国诗人、作家，史称"俄罗斯文学之父"，俄罗斯文学语言的创建者和新俄罗斯文学的奠基人。

1799年6月6日，普希金出生于莫斯科一个贵族地主家庭。1811年6月，考入皇村学校。1814年7月，在《欧洲通报》上发表诗歌《致诗友》。1817年3月，出版了第一本诗集《亚历山大·普希金诗集》；7月，完成诗歌《自由颂》，产生一定影响。1819年7月，写出诗歌《乡村》。1820年3月，完成第一部长诗《鲁斯兰和柳德米拉》，引起文坛关注。1821年，完成长诗《高加索的俘虏》。1825年，完成短诗《假如生活欺骗了你》。1828年，完成诗体小说《叶甫盖尼·奥涅金》。1830年，参加《文学报》的编辑工作。1833年10月，完成长诗《青铜骑士》；12月30日，被尼古拉一世任命为宫中低级侍从。1836年10月，完成小说《上尉的女儿》。

阅读鉴赏

《假如生活欺骗了你》选自《普希金诗集》，这是一首哲理抒情诗。诗人以普普通通的句子，通过自己真真切切的生活感受，以劝告的口吻和平等的娓娓的语气写来，语调亲密和婉，热诚坦率；诗句清新流畅，热烈深沉，有丰富的人情味和哲理意味，表达了诗人真诚博大的情怀和坚强乐观的思想情怀。

开头是一个假设，“假如生活欺骗了你”，这假设会深深伤害人们，足以使脆弱的人们丧失生活的信心，足以使那些不够坚强的人面临“灾难”。那的确是个很糟糕的事情，但诗人并不因为这而消沉、逃避和心情忧郁，不会因为被生活欺骗而去愤慨，做出出格的事情。诗中阐明了这样一种乐观坚强、积极向上的人生态度：当生活欺骗了你时，不要悲伤，不要心急。生活中不可能没有痛苦与悲伤，欢乐不会永远被忧伤掩盖。正如诗中写到的那样，“忧郁的日子里须要镇静：相信吧，快乐的日子将会来临”，生活往往有曲折才会有更深刻的体会；失去了才能知道拥有的可贵。

诗人在诗中提出了一种面向未来的生活观。“心儿永远向往着未来”，尽管“现在却常是忧郁”，现实的世界可能是令人悲哀的，可能会感受到被欺骗，但这是暂时的，不会停留在这儿，不会就在这儿止步。要用对立统一、变化发展的观点看待生活，理想与现实的矛盾，在生活中总会出现。正视理想与现实的矛盾，坚持美好的信念和进取的态度，才能更好地把握住现实，才能真切地感受到一切艰难险阻都是暂时的，因而那逝去的也就变得可爱，这才是值得提倡的生活态度，也是生活中的辩证思想。

最为经典的尾句“一切都是瞬息，一切都将会过去；而那过去了的，就会成为亲切的怀恋”，表明诗人积极的人生态度，并告诉人们，困难迟早会过去，而那些过去的将成为人生财富，这些经验将有助于领悟人生真谛，走完人生道路。当成功后，回首一望，这些就成了自己成功路上的足迹与见证。

思考寄语

诗人对生活的假设，引起了很多人的共鸣。诗人在面对困苦时坚定自己对生活的信心，诗人就靠着这个信心去战胜一个又一个暴力的压迫。这就告诉我们，无论灾难何时发生，我们都要豁达从容，积极勇敢地面对困难，精神抖擞地直面沮丧，怀着一颗谦卑的心去战胜困难。只有这样，希望才一直都在，才能看到雨后彩虹的绚烂，体会到重重磨难之后的人生幸福。

18 我曾七次鄙视自己的灵魂

诵读主体

第一次，当我看到她可以升迁却有意谦让时。

第二次，当我看见她在腿残者眼前跛行而过时。

第三次，当我看见她在难易之间选择了容易时。

第四次，当她犯了错误，却用别人也会犯类似的错误的理由来抚慰自己时。

第五次，当她因为脆弱而忍让，却说成是一种坚忍时。

第六次，当她鄙夷一张丑恶的面庞，却不知道那正是自己的一副面具时。

第七次，当她吟唱颂歌却自以为是一种美德时。

知人论世

哈利勒·纪伯伦（1883—1931），美籍黎巴嫩作家、诗人、画家，是阿拉伯文学的主要奠基人，20世纪阿拉伯新文学道路的开拓者之一，被称为“艺术天才”“黎巴嫩文坛骄子”。纪伯伦和鲁迅、泰戈尔一样是近代东方文学走向世界的先驱。其主要作品有散文诗集《泪与笑》《先知》《沙与沫》等，其中蕴含了丰富的社会性和东方精神，不以情节为重，旨在抒发丰富的情感。

阅读鉴赏

他的言语是大家的心声，他的文字是现实的彰显。你的一切都在他的眼里，你的一切举止都在他的设定里，上帝的先知于其身复活，被看得如此透彻，他揭开了人性中一切隐藏着的小秘密与小把戏。

“她可以升迁却有意谦让”其实质是害怕挑战，是唯恐暴露才华不足的卑怯的畏惧。生活在舒适圈里的人们，往往会在安逸中习惯性沉沦，日复一日，碌碌无为。而这样的生活是有代价的，今日的你不去尝试、不去挑战，明日的你将只能在困顿中叹息。

“她在腿残者眼前跛行而过”的行为实是一种伪善；“她在难易之间选择了容易”实际上是贪图安逸，是厌恶刻苦钻研的惰怠；“她犯了错误，却用别人也会犯类似的错误的理由来抚慰自己”其实是不敢面对自己的过错而逃避责任；“她因为脆弱而忍让，却说成是一种坚忍”实际上是用看似强悍的外表来美化内心的软弱；“当她鄙夷一张丑恶的面庞”时，却不知那也正是自己的不堪之处，自己已经活成了当初自己最讨厌的样子。正如尼采在《善恶的彼岸》中所写的：“当你凝视深渊时，深渊也在凝视你。”

这是一首让人直面自己内心的诗，它将人性剖开展示，以帮助我们更透彻地看清自己。诗句简单有力发人深省，督促人们拥有更高的精神境界，呼吁人们涤荡自己的灵魂，唾弃丑恶、追求高尚。

思考寄语

在这首诗中我们看到了纪伯伦对灵魂的考问、对人性的论证。当我们跟随诗人将自己的内心如洋葱一般层层剥开后，会发现自己的灵魂竟是这般地懦弱卑微。如果你被他的语言征服，你理解了他的文字，你看到了现状之下未来的生活，你就该做出改变！

19 善待对手

诵读主体

日本的北海道出产一种味道珍奇的鳗鱼，海边渔村的许多渔民都以捕捞鳗鱼为生。鳗鱼的生命非常脆弱，只要一离开深海区，要不了半天就会全部死亡。奇怪的是有一位老渔民天天出海捕捞鳗鱼，返回岸边后，他的鳗鱼总是活蹦乱跳的。而其他几家捕捞鳗鱼的渔户，无论如何处置捕捞到的鳗鱼，回港后全是死的。由于鲜活的鳗鱼价格要比死亡的鳗鱼几乎贵出一倍以上，所以没几年工夫，老渔民一家便成了远近闻名的富翁。周围的渔民做着同样的营生，却一直只能维持简单的温饱。老渔民在临终之时，把秘诀传授给儿子。原来，老渔民使鳗鱼不死的秘诀，就是在整舱的鳗鱼中，放进几条叫狗鱼的杂鱼。鳗鱼与狗鱼非但不是同类，还是出名的“对头”。几条势单力薄的狗鱼遇到成舱的对手，便惊慌地在鳗鱼堆里四处乱窜，这样一来，反倒把满满一舱死气沉沉的鳗鱼全给激活了。

知人论世

李智红，彝族，1963年生，云南省永平县人，大专文化，中国当代知名彝族作家，中国作家协会会员、中国散文学会会员、世界华文作家协会会员、大理州文联常委。现任云南省大理州文联秘书长兼办公室主任，《大理文化》文艺月刊编辑，大理州作家协会驻会副主席，《读者》杂志签约作家。著有诗集《永远的温柔》、散文集《布衣滇西》、随笔集《静夜煨茶》、散文诗集《云南高原的嗓门或手势》、杂文集《杂感微言》、散文集《西双版纳的美》、随笔集《舍与得的人生课》。

阅读鉴赏

一种动物如果没有对手，就会变得死气沉沉。同样，一个人如果没有对手，那他就会甘于平庸、养成惰性，最终导致庸碌无为。一个群体如果没有对手，就会因为相互的依赖和潜移默化而丧失活力、丧失生机。一个政体如果没有了对手，就会逐步走向懈怠，甚至走向腐败和堕落。一个行业如果没有了对手，就会丧失进取的意志，就会因为安于现状而走向衰亡。鳗鱼因为有了狗鱼这样的对手，才长久地保持着生命的鲜活。美洲虎因为有了美洲豹这样的对手，才重新找回了逝去的光荣。有了对手，才会有危机感，才会有竞争力。有了对手，你便不得不奋发图强、不得不革故鼎新、不得不锐意进取，否则，就只能等着被吞并、被替代、被淘汰。

许多的人都把对手视为心腹大患，是异己、是眼中钉、肉中刺，恨不得马上除之而后快。其实只要反过来仔细一想，便会发现拥有一个强劲的对手，反而倒是一种福分、一种造化。因为一个强劲的对手，会让你时刻有种危机四伏的感觉，它会激起你更加旺盛的精神和斗志。善待你的对手吧！千万别把他当成“敌人”，而应该把他当作你的一剂强心针、一副推进器、一个加力挡、一条警策鞭。善待你的对手吧！因为他的存在，你才会永远是一条鲜活的“鳗鱼”，你才会永远做一只威风凛凛的“美洲虎”。

狗鱼对于我们来说，不仅是竞争对手，还包含了新的观念、新的思维、新的目标、新的方法；包含了你身边的制度、你的领导、一起做事的同事；包含了挑剔的客户与朋友；包含了来自不同地区、不同背景的同事及他（她）不一样的性格、爱好、习性；不管任何一个人、不管任何一个团队、不管任何一个社群，都会在不同时间、不同地点，要么扮演着鳗鱼的角色，要么扮演着狗鱼的角色。用一种积极主动的态度勇敢面对身边的人与事，相信我们的事业将因此更精彩，生活将因此而更美好。

思考寄语

在竞争激烈的时代，到处都充满了竞争。无论在哪里，无论做什么，我们都会遇到对手。善于欣赏对手，看到他的长处，以他人之长补己之短，我们就会变得更加完美。每个人都渴望成功。有人说，想要成功就要善待对手，正确处理你和对手的关系，才能提升自己，共同发展、进步！

20 偶　然

诵读主体

我是天空里的一片云，
偶尔投影在你的波心——
你不必讶异，
更无须欢喜——
在转瞬间消灭了踪影。

你我相逢在黑夜的海上，
你有你的，我有我的，方向；
你记得也好，
最好你忘掉，
在这交会时互放的光亮！

知人论世

徐志摩（1896—1931），原名徐章垿，笔名南湖、云中鹤等。浙江海宁人。现代诗人、散文家。

徐志摩是新月派的代表诗人，他的诗，字句清新、韵律和谐、比喻新奇、想象丰富、意境优美、神思飘逸、富于变化，具有鲜明的艺术个性。他的散文也自成一格，取得了不亚于诗歌的成就，其中《自剖》《想飞》《我所知道的康桥》《翡冷翠山居闲话》等都是传世的名篇。

徐志摩《偶然》这首诗写于1926年5月，初载同年5月27日《晨报副刊·诗镌》第9期，署名志摩。在这首诗中，诗人将自己的人生历程，将天空、云、波心、踪影、黑夜、海、光亮等多种意象融入其中，不仅充满情趣哲理，还给读者留下了足够的想象空间，在现代诗长廊中堪称别具一格，读来朗朗上口，余味无穷。

阅读鉴赏

这首诗并非只是简单的爱情诗，更包含着对人生的感叹。全诗两节，上下节格律对称。无数次偶然、无数次坎坷、无数次邂逅，似乎都显得如此平常，不必讶异，更无须欢喜，记得也好，最好你忘掉，构成诗人的态度。在贫困黑暗的时代里，诗人的《偶然》何不是一种对人生的呐喊，对爱与美的追求，抒写着诗人的灵魂空间。在呐喊与追求的路上，诗人无奈地选择了压制自己内心的情感，忘掉偶然的相遇。

人生正是如此，每个人都有自己既定不变的人生轨迹，刹那的驻足和停留无法改变我们各自的方向。偶然相遇，却又匆匆离别，随后各自再度回归到自己的人生轨迹上继续前行，对于这些偶然的爱与缘，人们无须欢喜，也最好忘掉。诗人领悟到了人生中许多“美”与“爱”的消逝，在看似平静潇洒的字句背后，却是诗人对人生际遇无奈的自我安慰，是心灵深处发出的忧伤不舍和深情呼唤。这是人生的无可奈何，但也是人生最好的选择，心中无所牵挂才能继续前行，前路还有更多的偶然，若每个偶然的相遇都驻足相伴，在心中牵挂，那人生将偏离轨迹，亦无法到达必然的彼岸。

这首诗语言生动，形式完美，情节波澜起伏。诗人将平常熟悉的意象穿插于整首诗歌中，将诗歌的两个主人公融入意境，仿佛一部戏剧片，给人以清新自然的感觉。偶然的相遇或不再来临，但我们是否应该懂得更加珍惜美好的时光，随着诗人感情的变化体会诗歌表现的和谐之美。

思考寄语

眺望大海，大海还是原来的大海，但是我们的命运却无法完全由自己掌握，在人生的漫漫长河中，我们会遇到无数个偶然，在必然和无意间顺理成章地发生着。我们很清楚最终的结果，也很清楚自己的处境，不管是天边的一片云，还是黑夜的海上，在不伤害对方的同时还要奉劝自己看清前面的方向。在贫困黑暗的时代里，诗人的“偶然”是对人生的呐喊，是对爱与美的追求，然而在呐喊与追求的路上，诗人也在苦苦挣扎。作为学生，我们有自己的理想追求，有自己的职业规划，但我们要从思想上改变自己，从态度上端正自己，践行“工匠精神”。

21 光　明

诵读主体

风雨沉沉的夜里，
前面一片荒郊。
走尽荒郊，
便是人们的道。
呀！黑暗里歧路万千，
叫我怎样走好？
“上帝！快给我些光明吧，
让我好向前跑！”
上帝慌着说：“光明？
我没处给你找！
你要光明，
你自己去造！”

知人论世

朱自清（1898—1948），原名自华，字佩弦，号秋实，后改名自清。原籍浙江绍兴，生于江苏东海，后随祖父、父亲定居扬州，自称“扬州人”。中国现代著名散文家、诗人、学者、民主战士。在北大读书期间积极参加“五四”爱国运动，为传播新思想四处演讲。大学毕业后，在浙江、江苏的多所中学任教，继续参加新文学运动，是文学研究会的早期会员，曾参与发起新文学史上第一个诗歌团体“中国新诗社”，并创办了第一个诗歌杂志《诗》（月刊），为开拓新诗的道路付出了辛勤的努力。朱自清于1919年底发表诗歌，以清新明快的诗风，在诗坛上显出自己的特色。1925年，朱自清任清华大学中文系教授，开始从事文学研究，创作方面转以散文为主，以朴素缜密、清隽浓郁的美文艺术风格独树一帜，为建立中国现代散文全新的审美特征，创造具有中国民族特色的散文体制和风格做出了重要贡献。主要作品有诗集《雪朝》，诗文集《踪迹》，散文集《背影》《欧游杂记》，文艺论著《诗言志辨》《论雅俗共赏》等。

阅读鉴赏

《光明》是朱自清于1919年11月22日创作的一首现代诗。此诗发表于当年同月25日北京《晨报》上。当时，诗人在北京大学哲学系学习，正处于毕业前夕。在五四运动的推动下，觉醒的年青一代，看到了改变社会的大“黎明前曙光”，他们憧憬光明的社会，寻求新的人生道路，同时也认识到面前的社会现实——中国大地仍是风雨如磐的沉沉黑夜和无尽的荒凉旷野。这首诗写出了这一代人对现实的认识、对光明的殷切呼唤和对前进道路的初步思考。

全诗十二行，以参差排列的诗句，明显地分为三个层次，每个层次都是四行。诗的第一层次，写的是作者对于现实社会和民族前途的看法。以“风雨沉沉的夜里，前面一片荒郊”，象征那内忧外患的时代和黑暗、困苦、腐败的社会现实。“走尽荒郊，便是人们的道”，夜沉沉，路漫漫，出路在何处。诗人欲表现对光明的向往，却构建了“风雨沉沉”、夜晚“荒郊”的情境，笔触清冷而客观。在黑暗险峻的境况中，揭示了作者矛盾、思索与选择，表达了作者上天入地求索的心境，以及对光明的道路的追求。

第二层次写道：“黑暗里歧路万千，叫我怎样走好？”面对黑夜下的条条道路，该怎么走？诗人甚为彷徨。“五四”前后曾出现五花八门的主义、学说、思潮，弥漫于知识界，诗人把它们称为“歧路万千”，可见是难以抉择，因此，他向上帝发出呼唤：“快给我些光明吧，让我好向前跑！”在退潮以后浓重的黑暗中，他没有颓唐、落伍、转向或裹足不前，而是依然执着地追求光明，准备着跑步前进。“上帝”在这里不是一个确指的形象，它象征着指点迷津的智者。在中国传统观念里，“上帝”与“天”是同义词，它是宇宙间万能的主宰；在西方宗族里，它是创世主和救世主。朱自清当时也是彷徨的，他是无神论者，而所以虚构出这个形象，意在表达上天入地求索的心境，以及对光明的道路的追求。

第三层次假借“上帝”的答问，说明光明必须靠自己去创造。世事听天由命的传统观念，向上帝祈祷的宗教虔诚，对圣君贤臣济世拯民的幻想，一一被扬弃了，依靠自己的力量来创造光明，是那一代追求者经过深刻的理性思考和无数次痛苦的实践所得出的新答案。这答案正是全诗的立意所在，即不靠恩赐、不畏艰险、独立自主地去追求、去创造光明美好的人生。

总之，朱自清的《光明》这首诗，既是自我对光明前途的探索，也是当代知识分子彷徨之后，对未来前进道路的共同求索。他所指出的“自己创造”之路，像一盏暗夜的风雨灯，给夜行人以无限的慰藉与勇气，具有深刻的哲学道理。

思考寄语

朱自清用自己和上帝的一番对话，激励当时的人们，告诉大家命运掌握在自己的手里，希望不是别人给的，是自己创造的。要想获得光明，就必须自己去努力，而不是坐以待毙。这个道理，对于现在的我们同样适用，我们的前途命运掌握在自己手里，不能怨天尤人，不要浪费时间去抱怨，而要满怀信心，努力地改变自己，不断前进、不靠恩赐、不畏艰险，独立自主地去追求，去创造光明美好的人生。

22 饮 酒

诵读主体

结庐在人境，而无车马喧。
问君何能尔？心远地自偏。
采菊东篱下，悠然见南山。
山气日夕佳，飞鸟相与还。
此中有真意，欲辨已忘言。

知人论世

陶渊明（约365—427），又名潜，字元亮，世称靖节先生，自称五柳先生，浔阳柴桑（今江西九江）人。东晋末期南朝宋初期诗人、文学家、辞赋家、散文家。作品有《饮酒》《归园田居》《桃花源记》《五柳先生传》《归去来兮辞》《桃花源诗》等。

他从小受儒家思想教育，希望通过出仕实现自己“大济苍生”的宏愿。先后做过江州祭酒、镇军参军、彭泽县令等职。他不满当时士族地主把持政权的黑暗现实，任彭泽县令时，因不愿“为五斗米折腰”，仅80多天就辞官回家，作《归去来兮辞》，自明本志。从此“躬耕自资”，直至63岁在贫病交迫中去世。田园生活是陶渊明诗的主要题材，他因此被称为“古今隐逸诗人之宗”（钟嵘《诗品》），其实他并未忘怀政治，如在《读山海经》中有“刑天舞干戚，猛志固常在”这样的诗句，就表现了他的政治抱负。

《饮酒》是一组组诗，共二十首，这组诗并不是酒后遣兴之作，而是诗人以酒为题，写出对现实的不满和对田园生活的喜爱。本篇是第五首，大约作于公元417年，即诗人辞官归田后的第十二年，正值东晋灭亡前夕。作者感慨甚多，借饮酒来抒情言志。

陶渊明的诗文兼有平淡与爽朗的风格，语言质朴自然，又极为精练。

阅读鉴赏

译文：

我家建在众人聚居的繁华道路，然而没有烦神去应酬车马的喧闹。

要问我怎能如此超凡洒脱？心灵避离尘俗自然幽静远邈。

东篱下采撷清菊心情徜徉，无意中见到南山胜景绝妙。

暮色中缕缕彩雾萦绕升腾，结队的鸟儿回归远山的怀抱。

南山仰止啊，这里有人生的真义，已经无须多言。

这首诗是陶渊明组诗《饮酒》二十首中的第五首。此诗以情为主，融情入景，诗的意象构成中景与意会全在一偶然无心上。“采菊”二句所表达的都是偶然之兴味，东篱有菊，偶然采之；而南山之见，亦是偶尔凑趣；山且无意而见，菊岂有意而采？山中飞鸟，为日夕而归；但其归也，适值吾见南山之时，此亦偶凑之趣也。其中的“真意”，乃千圣不传之秘，即使道书千卷，佛经万页，也不能道尽其中奥妙，所以只好“欲辨已忘言”而不了了之。这种偶然的情趣，偶然无心的情与景会，正是诗人生命自我敞亮之时，其空明无碍的本真之境无意识的投射。大隐隐于市，真正宁静的心境，不是自然造就的，而是你自己的心境的外化。千古名句：“采菊东篱下，悠然见南山”，表达了诗人悠然自得、寄情山水的情怀。

此诗主要描摹诗人弃官归隐田园后悠然自得的心态，体现出陶渊明决心摒弃混浊的世俗功名后回归自然，陶醉在自然界中，乃至步入“得意忘言”境界的人生态度和生命体验。此诗以“心远”纲领全篇，并分三层揭示“心远”的内涵。首四句写身居“人境”而精神超脱世俗的虚静忘世态。中四句写静观周围景物而沉浸自然韵致的物化忘我心态。最后两句又深进一层，写“心”在物我浑化中体验到了难以言传的生命真谛。此诗意境从虚静忘世，到物化忘我，再到得意忘言，层层推进，是陶渊明归隐后适意自然人生哲学和返璞归真诗歌风格最深邃、最充分的体现。王国维在《人间词话》中说：“无我之境、以物观物，故不知何者为我，何者为物。”这首诗就是陶渊明“以物观物”所创造出的“无我之境”的代表作。

思考寄语

这首诗的感情非常真率，一切都很自然，特别是“问君何能尔？心远地自偏”。“心远地自偏”对我们今天有很大启发。我们生活在一个现代化的、喧闹的社会当中，已经不可能像陶渊明那个时代一样隐居到山林里面去。在这个非常热闹的现实当中，只要我们每个人的心远离了一些名利、一些物质的追求，远离了一些世俗的官场，那么我们住的地方也会变得偏僻起来，心情也会变得宁静起来，也会克服一些浮躁的情绪，养气收心，不断地提升自己的修养。

23 钱学森

诵读主体

1947年，刚刚36岁的中国科学家钱学森，被美国麻省理工学院聘为终身教授。这是一个很高的荣誉，它预示着钱学森的优厚待遇和远大前程。

美国为什么如此器重钱学森呢？因为他是美国研究航空科学最高专家冯·卡门的优秀学生，是美国最早研究火箭组织——加州理工学院火箭研究小组的5成员之一。

在冯·卡门的指导下，火箭研究取得了重大进展，为反法西斯战争的胜利做出了贡献。在那些艰苦的日子里，钱学森显露出卓越的才能。

一项在航空科学史上占有重要地位的航空科学公式：著名的“卡门—钱公式”诞生了。这是由冯·卡门提出命题，钱学森做出结果，至今仍在航空技术研究中广泛使用的一项公式。

然而，当钱学森得知中华人民共和国成立的消息后，这个每时每刻都在想念祖国的科学家，顿时沉浸在极大的喜悦之中。钱学森在美国已经生活了10多年，又被誉为“在美国处于领导地位的第一位火箭专家”，金钱、地位、声誉都有了。

可他想：我是中国人，我的根在中国。我能够放弃在美国的一切，但不能放弃祖国。我就应早日回到祖国去，为建设新中国贡献自己的全部力量！他还对中国留学生说：“祖国已经解放了，国家急需建设人才，我们要赶快把学到的知识用到祖国的建设中去。”

钱学森准备回到中国的决定，引起美国有关方面的恐慌。他们认为：钱学森的专业技术如果带回去，中国的科学技术将高速前进。美国海军的一位领导人曾对美国负责出境的官员说：“我宁可把钱学森枪毙了，也不让他离开美国！”“钱学森至少值5个师的兵力。”

钱学森的回国计划受到严重的阻挠。美国官方“文件”通知他，不准离开美国。本来，他的行李已经装上了驳船，准备由水路运回祖国。可美国海关硬说他准备带回国的书籍和笔记本中藏有重要机密，诬蔑钱学森是“间谍”。其实，这些书籍和笔记本，一部分是公开的教科书，其余都是钱学森自己的学术研究记录。

一波未平，一波又起。几天之后，钱学森突然被逮捕，关押在一个海岛的拘留所里，受到无休止的折磨。看守人员每天晚上隔10分钟进室内开一次电灯，使他根本无法入睡。

钱学森的遭遇，引起加州理工学院坚持正义的同事和学生的同情，在他们和其他正直人士的强烈抗议下，美国特务机关被迫释放了他。可对钱学森的迫害并没有停止，他们限制他的行动，监视和检查他的信件、电话等。

尽管有种种限制，但钱学森没有屈服。他不断地提出严正要求：坚决离开美国，回中国去！

在争取回国的日子里，钱学森更加关心祖国的建设事业，经常从《华侨日报》等报刊上了解新中国的情况，和中国科学家、留学生讨论建设祖国的有关问题。为了能够迅速地回国，他租房子只签订短时间的合同。家里准备了3只轻便的小箱子，天天准备随时搭飞机回中国。

五年过去了。钱学森争取回国的斗争得到世界各国主持正义的人们的支持，更得到了中国政府的极大关怀。周恩来总理曾亲自了解他的情况，并指示参加中美两国大使级会谈的中国代表，在会谈中提出钱学森博士归国问题。

1955年8月，这场外交斗争最后取得了胜利，美国政府被迫同意钱学森回到中国。

到达北京的第二天清晨，钱学森就和妻子带着两个孩子来到天安门广场。他激动地说：“我相信我必定能回到祖国。此刻，我终于回来了！”

冲破重重阻拦而回国的钱学森，一头扎在了军事科学的研究中。他倾其所学，又紧密关注国外的科学动态，不断推出科研新成果，为祖国的国防事业竭思尽智，做出了巨大的贡献，被誉为“导弹之父”，国务院授予他为“全国劳动模范”的光荣称号。

在美国定居，且能聘为终身教授，这是多少人梦寐以求的幻想。可为了祖国的繁荣富强，钱学森放下了这一切。在经济大潮如洪水猛兽般地冲击社会的今日，钱学森的爱国言行，无疑地凝聚着中华民族之魂，显示了爱国对志士仁人的撼动力。

知人论世

钱学森（1911—2009），吴越王钱镠第33世孙，生于上海，祖籍浙江省杭州市临安。世界著名科学家、空气动力学家、中国载人航天奠基人，“中国科制之父”和“火箭之王”，由于钱学森回国效力，中国导弹、原子弹的发射至少向前推进了20年。

1934年，钱学森毕业于交通大学机械与动力工程学院，曾任美国麻省理工学院和加州理工学院教授。1950年钱学森回国受阻，并受美国方面监禁，1955年，在毛泽东主席和周恩来总理的争取下回到中国。1959年加入中国共产党，先后担任了中国科学技术大学近代力学系主任，中国科学院力学研究所所长、第七机械工业部副部长、国防科工委副主任、中国科技协会名誉主席、中国人民政治协商会议第六、七、八届全国委员会副主席、中国科学院数理化学部委员、中国宇航学会名誉理事长、中国人民解放军总装备部科技委高级顾问等重要职务；他还兼任中国自动化学会第一、二届理事长。1995年，经中宣部批准及钱学森本人同意，母校上海交通大学将图书馆命名为钱学森图书馆，时任中共中央总书记、国家主席、中央军委主席的江泽民同志亲笔题写了馆名。2009年10月31日北京时间上午8时6分，钱学森在北京逝世，享年98岁。2011年12月8

日，纪念钱学森100周年诞辰座谈会在人民大会堂举行。

阅读鉴赏

毛泽东："美国人把钱学森当成5个师，在我看来，对我们说来钱学森比5个师的力量大多啦。"

钱学森是中国航天科技事业的先驱和杰出代表，被誉为"中国航天之父"和"火箭之王"。他也是中国近代力学和系统工程理论与应用研究的奠基人和倡导人。在他的主持下，中国"喷气和火箭技术的建立"规划顺利完成，并参与了近程导弹、中近程导弹和中国第一颗人造地球卫星的研制。

钱学森的另一重大科学成就是20世纪40年代在维纳提出控制论后，于1954年发表《工程控制论》，创建了这门技术科学。

钱学森对系统科学最重要的贡献是他发展了系统学和开放的复杂巨系统的方法论。

钱学森不仅为中国国防尖端科技作出了巨大贡献，也给中国留下了宝贵的精神财富。

思考寄语

中华民族之所以能够崛起，正是因为有许多这样的科学家无私的奉献。这样的民族英雄才是大家学习的楷模，让我们一起为祖国的未来，奉献我们的青春和智慧。

24 大国工匠：高凤林（节选）

诵读主体

焊枪是针，弧光是线，他追寻着焊光，在火箭发动机的“金缕玉衣”上焊出了一片天。

他就是中国航天科技集团一院首都航天机械公司特种熔融焊接工、火箭发动机焊接车间班组长，国家高级技师——高凤林。

当年我国卫星发射成功后，年幼的高凤林曾问父母：“卫星是怎么飞到天上去的？”当他以优异的成绩从中学毕业面临抉择时，母亲一句“报考七机部技校吧，去解你小时候的迷惑”。从此，他便与航天结下了不解之缘。

迈出校门的高凤林，走进了人才济济的火箭发动机焊接车间氩弧焊组，跟随我国第一代氩弧焊工学习技艺。师傅给学员们讲中国航天艰难的创业史，讲航天产品成败的深远影响，还有党和国家对航天事业的关怀和鼓励。从那时起，“航天”两个字深深镌刻在高凤林的内心。

为了练好基本功，他吃饭时习惯拿筷子比画着焊接送丝的动作，喝水时习惯端着盛满水的缸子练稳定性，休息时举着铁块练耐力，更曾冒着高温观察铁水的流动规律。渐渐地，高凤林积攒的能量迸发了出来。

20世纪90年代，为我国主力火箭长三甲系列运载火箭设计的新型大推力氢氧发动机，其大喷管的焊接曾一度成为研制瓶颈。火箭大喷管的形状有点像牵牛花的喇叭口，是复杂的变截面螺旋管束式，延伸段由248根壁厚只有0.33毫米的细方管通过工人手工焊接而成。全部焊缝长达近900米，管壁比一张纸还薄，焊枪停留0.1秒就有可能把管子烧穿或者焊漏，一旦出现烧穿和焊漏，不但大喷管面临报废，损失百万元，而且影响火箭研制进度和发射日期。

高凤林和同事经过不断摸索，凭借着高超的技艺攻克了烧穿和焊漏两大难关。然而，焊接出的第一台大喷管X光检测显示，焊缝有200多处裂纹，大喷管将被判“死刑”。高凤林没有被吓倒，他从材料的性能、大喷管结构特点等展开分析排查。最终，在高层技术分析会上，他在众多技术专家的质疑声中大胆发言，是假裂纹！经过剖切试验，200倍的显微镜下观察显示他的判断是正确的。就此，第一台大喷管被成功送上了试车台，这一新型号大推力发动机的成功应用，使我国火箭的运载能力得到大幅提升。

人们把比用金子还贵的氩气培养出来的焊工称为“金手”。高凤林是“金手天焊”，他之所以成为大国工匠，不仅因为他练就了一手绝活，还因为他焊接的对象十分金贵，是有火箭“心脏”之称的发动机，更因为他在火箭发动机焊接专业领域达到了常人难以企及的高度。“金手天焊”是高凤林技艺高超，屡屡攻克焊接技术难关的写照，更是新时代航天高技能工人风采的体现。

高凤林深知作为知识工人的重要。离开学校8年后，他重新走进校园，捧起课本，开始了长达4年艰苦的业余学习。快毕业的时候，高凤林还在一次航天系统大型技术比赛中报了名。白天穿梭于工作现场、训练场、课堂，晚上抱着两摞厚厚的书籍学习到三四点钟，由于过度紧张和劳累，不到30岁的他头发一把把地往下掉。终于，高凤林先在技术比赛中取得了实操第一、理论第二的好成绩。后来他又拿到了大学本科和研究生文凭。

一枝独秀不是春。高凤林在实践中不断培养了一批像他一样优秀的航天高技能人才。

“能进高师傅的班组，跟着他学技术，本身就是很荣幸的事情，他的成功事迹及其敬业、钻研、不断突破极限的精神，都在一点一滴地影响着我们，给我们树立了很高的标杆。”他的徒弟说。

在技术传承上，高凤林把自己的丰富经验毫无保留地传授给年轻人。他指导徒弟如何掌握好焊接的工艺控制过程，来达到最佳焊接效果。针对出现的问题，他能够找准病因，对症下药，手把手地指导，帮助徒弟举一反三。今天，他所在的班组，19名组员中有5名全国技术能手、1名中央企业技术能手和1名航天技术能手。

“事业为天，技能是地”，高凤林参加工作35年来，默默奋战在火箭发动机系统焊接第一线，他敢为人先、勇于创新，艰苦奋斗、甘于奉献，为中国航天事业的发展做出了突出贡献。

知人论世

高凤林，1962年生，河北东光人，1991年加入中国共产党，1980年参加工作，大学学历，学士学位，高级技师，全国劳动模范，全国五一劳动奖章获得者，全国国防科技工业系统劳动模范、全国道德模范、全国技术能手，首次月球探测工程突出贡献者，中华技能大奖获得者、中国质量奖获奖者，2009年获国务院政府特殊津贴。2018年“大国工匠年度人物”。2019年，高凤林获“最美奋斗者”个人称号。现任中国航天科技集团有限公司第一研究院211厂14车间高凤林班组组长，第一研究院首席技能专家，中华全国总工会副主席（兼）。

阅读鉴赏

“突破极限精度，将‘龙的轨迹’划入太空；破解二十载难题，让中国繁星映亮苍穹。焊花闪烁，岁月寒暑，为火箭铸‘心’，为民族筑梦。”这是2018年“大国工匠年度人物”颁奖典礼上，高凤林获得颁奖词。

被誉为“火箭心脏焊接人”的高凤林，三十年如一日，立足本职工作，他始终坚持扎根一线、甘于奉献，一次次攻克了发动机喷管焊接技术世界级难关，为北斗导航、嫦娥探月、载人航天等国家重点工程的顺利实施及长征五号新一代运载火箭研制作出了突出贡献。事业为天、技能是地。高凤林以卓尔不群的技艺和劳模特有的人格魅力、优良品质，成为新时代智能工人的学习的楷模和时代坐标。

思考寄语

“三百六十行，行行出状元。”随着大国工匠的崛起，这将不再仅仅是一个传说。当今科学技术日新月异，各行各业的佼佼者正在用知识和实践创造着中国奇迹，创造着辉煌的成就。我们要以高凤林为榜样，睿智进取，将书本知识和实践操作完美结合，在平凡中铸就“非凡”。

25 以工匠精神雕琢时代品质

诵读主体

今天，我们迎来了一个更加注重精细品质和独特体验的时代。“我真的是希望工匠精神可以变成我的墓志铭。”不久前，一位生产智能电器的企业家如是感慨。企业对高精尖、炫彩酷的不懈追求，同工匠精神不谋而合。像手工匠人一样雕琢技艺、精致产品，企业才有金字招牌，产品才能经受住用户最挑剔眼光的检验。

《说文》里记载：“匠，木工也。”今天作为文字的“匠”，早已从木工的本义演变为心思巧妙、技术精湛、造诣高深的代名词。一位作家说过，能将胡辣汤做得顾客盈门、生意红火，和能让火箭上天没有本质的区别。职业与职业没有高低贵贱的差别，但人与人却从来都有职业品质、专业精神的分殊。工匠精神厚植的企业，一定是一个气质雍容、活力涌流的企业。崇尚工匠精神的国家，一定是一个拥有健康市场环境和稳健人文素养的国家。“将产品当成艺术，将质量视为生命”，正是这样的极致追求，将我们带往一个更为不凡的世界。

一盏枯灯一刻刀，一把标尺一把锉，构成一个匠人的全部世界。别人可能觉得他们同世界脱节，但方寸之间他们实实在在地改变着世界：不仅赋予器物以生命，更刷新着社会的审美追求、扩充着人类文明的边疆。工匠精神从来都不是什么雕虫小技，而是一种改变世界的现实力量。坚守工匠精神，并不是把“拜手工教”推上神坛，也不是鼓励离群索居、“躲进小楼成一统”，而是为了擦亮爱岗敬业、劳动光荣的价值原色，高树质量至上、品质取胜的市场风尚，展现创新引领、追求卓越的时代精神，为中国制造强筋健骨，为中国文化立根固本，为中国力量凝神铸魂。

将一门技术掌握到炉火纯青绝非易事，但工匠精神的内涵远不限于此。有人说，“没有一流的心性，就没有一流的技术”。的确，倘若没有发自肺腑、专心如一的热爱，怎有废寝忘食、尽心竭力的付出；没有臻于至善、超今冠古的追求，怎有出类拔萃、巧夺天工的卓越；没有冰心一片、物我两忘的境界，怎有雷打不动、脚踏实地的淡定。工匠精神中所深藏的，有格物致知、正心诚意的生命哲学，也有技进乎道、超然达观的人生信念。从赞叹工匠继而推崇工匠精神，见证社会对浮躁风气、短视心态的自我疗治，对美好器物、超凡品质的主动探寻。我们不必人人成为工匠，却可以人人成为工匠精神的践行者。

一个时代有一个时代的气质，我们的时代将以怎样的面貌被历史书写，取决于我们每个人的表现。工匠精神是手艺人的安身之本，亦是我们的生命尊严所在；是企业的金色名片，亦是社会品格、国家形象的荣耀写照。工匠精神并不以成功为旨归，却足以为成功铺就通天大道。

知人论世

作者李斌，本文2016年发表于《人民日报》。

阅读鉴赏

“工匠精神”一词，最早出自著名企业家、教育家聂圣哲。他曾呼吁：“中国制造”是世界给予中国的最好礼物，要珍惜这个练兵的机会，决不能轻易丢失。“中国制造”熟能生巧了，就可以过渡到“中国精造”。“中国精造”稳定了，不怕没有“中国创造”。千万不要让“中国制造”还没有成熟就夭折了，路要一步一步走，人动化（手艺活）是自动化的基础与前提。要有“工匠精神”，从“匠心”到“匠魂”……

在2016年的政府工作报告中，李克强总理说，“要鼓励企业开展个性化定制、柔性化生产，培育精益求精的工匠精神”。近些年来充斥媒体的“中国智造”“中国创造”“中国精造”“工匠精神”，如今成为决策层共识，写进政府工作报告，显得尤为难得和宝贵。

“工匠精神”在当今企业管理中有着重要的学习价值。当今社会心浮气躁，追求“短、平、快”（投资少、周期短、见效快）带来的即时利益，从而忽略了产品的品质灵魂。因此企业更需要“工匠精神”，才能在长期的竞争中获得成功。当其他企业热衷于“圈钱、做死某款产品、再出新品、再圈钱”的循环时，坚持“工匠精神”的企业，依靠信念、信仰，看着产品不断改进、不断完善，通过高标准要求历练之后，最终成为众多用户的骄傲。无论成功与否，这个过程，他们的精神是完完全全的享受，是脱俗的，也是正面积极的。

思考寄语

“追求卓越”“创造新鲜事物”是“工匠精神”的核心。中国有一个词可以与“工匠精神”匹配——匠心。“匠心”意思是精巧的心思，技艺上的创造性。有个成语叫“匠心独运”，就是“独创性地运用精巧的心思”。对我们职业学校的青年学生来说，“工匠精神”更是必不可少，我们应爱岗敬业、踏实坚守。